本书系 2023 年湖南省社会科学院（湖南省人民政府发展研究中心）创新工程资助项目（23ZYB31）及 2024 年湖南省社会科学院（湖南省人民政府发展研究中心）创新工程资助项目（24ZDB15）阶段性研究成果。

中国高新技术产业创新效率评价及提升

基于创新价值链视角

杨 琼 ◎著

中国社会科学出版社

图书在版编目（CIP）数据

中国高新技术产业创新效率评价及提升：基于创新价值链视角 / 杨琼著. -- 北京：中国社会科学出版社，2025.4. -- ISBN 978-7-5227-4815-3

Ⅰ．F279.244.4

中国国家版本馆 CIP 数据核字第 20253BA130 号

出 版 人	赵剑英	
责任编辑	刘　洋	
责任校对	李　惠	
责任印制	张雪娇	

出　　版	中国社会科学出版社	
社　　址	北京鼓楼西大街甲 158 号	
邮　　编	100720	
网　　址	http://www.csspw.cn	
发 行 部	010-84083685	
门 市 部	010-84029450	
经　　销	新华书店及其他书店	
印　　刷	北京君升印刷有限公司	
装　　订	廊坊市广阳区广增装订厂	
版　　次	2025 年 4 月第 1 版	
印　　次	2025 年 4 月第 1 次印刷	
开　　本	710×1000　1/16	
印　　张	12.75	
插　　页	2	
字　　数	158 千字	
定　　价	78.00 元	

凡购买中国社会科学出版社图书，如有质量问题请与本社营销中心联系调换
电话：010-84083683
版权所有　侵权必究

摘　　要

随着我国高新技术产业不断发展和企业创新能力不断增强,创新效率逐渐成为衡量高新技术产业创新能力的主要因素。其决定着高新技术企业的未来发展,同时,也决定着我国区域经济和创新能力的发展。我国区域经济、社会、技术发展水平不一致,产业创新资源基础和创新知识水平也存在差异。特别是近年来,创新价值链的引入,涉及各个区域、各个高新技术行业创意的产生、转化、推广等阶段。因此,在既定的区域创新资源条件下提高我国高新技术产业创新效率成为区域经济发展的重中之重。然而,提高基于创新价值链的创新效率,首先需要评估创新效率并分析如何提升创新价值链的创新水平。

高新技术产业的创新效率反映了产业投入产出比,受到内部效率和外部效率的影响。企业创新效率不仅依托区域创新资源和创新知识水平等竞争优势,同时也受制于产业资源、产业结构、产业创新模式。本书将区域和产业相互结合,通过行业和区域双重视角对我国高新技术产业创新效率进行实证分析。同时,本书将创新价值链细分为三个环节,有机结合创新价值链与技术创新效率,在这个视角下对我国高新技术产业创新效率进行评价研究,力图在丰富高新技术产业创新理论的同时,为现代高新技术企业技术创新效率评估和效率提升提

中国高新技术产业创新效率评价及提升

供借鉴。

本书采用文献研究法、理论分析与实证研究相结合的方法，以及多学科交叉融合研究相结合的综合方法，运用DEA数据包络分析效率软件DEAP 2.1和统计软件SPSS 27.0作为数据分析工具，对高新技术产业各行业和各区域进行效率评价，具体研究如下。

第一，介绍选题背景和研究意义，对国内外相关文献进行综合述评，从创新效率研究、创新效率影响因素研究以及创新价值链研究三个方面进行全面梳理，提出研究方法、结构安排和创新点。

第二，在前人研究基础上，将创新过程进一步细分，构建三次投入、三次产出的创新价值链理论模型，把创新活动视为由科技成果产出、科技成果商品化产出、科技成果社会化产出三个环节构成的连续过程。

第三，选取测算创新效率相关指标近6年均值，从行业和区域两个视角对我国高新技术产业的创新效率进行实证分析。数据包络分析软件DEAP 2.1结果显示，我国高新技术产业在创新的前两个环节中效率值偏低，但在第三环节里创新效率较为理想，原因是我国高新技术产业投入规模不合理，造成资源浪费，导致创新效率出现不同程度的滞后。

第四，对各行业和各区域的创新效率进行评价，应考虑影响创新效率的因素。本书同时采用皮尔森相关系数分析法和多元线性回归分析法，运用统计软件STATA 17.0和SPSS 27.0对创新效率影响因素进行分析，旨在了解影响因素与创新效率的相关程度。

第五，从政府和企业两个角度对我国高新技术产业创新效率的提升提出对策和建议：政府应努力合理引导创新，通过政策扶持、研发补贴提升创新人员的工作积极性，营造创新氛围；企业要充分结合创新价值链理论,落实创新各环节,从构建高效创新模式、优化资金利用、增强发明专利申请比重三个方面分别提升科技成果产出、转化、扩散效率,进而提升高新技术产业的整体创新效率。

目录

第一章 绪论 ……………………………………………………（1）
  第一节 选题背景及研究意义 …………………………………（1）
  第二节 国内外研究述评 ………………………………………（8）
  第三节 研究内容与结构安排 …………………………………（22）
  第四节 研究方法与创新点 ……………………………………（25）

第二章 相关理论基础 …………………………………………（28）
  第一节 高新技术产业内涵 ……………………………………（28）
  第二节 技术创新理论 …………………………………………（32）
  第三节 创新价值链理论 ………………………………………（44）
  第四节 创新驱动的路径与赶超 ………………………………（51）

第三章 模型构建及研究方法介绍 ……………………………（65）
  第一节 创新价值链理论模型构建 ……………………………（65）
  第二节 研究方法 ………………………………………………（70）
  第三节 投入产出指标选择 ……………………………………（74）
  第四节 数据来源与处理 ………………………………………（77）

本章小结 ………………………………………………………… (78)

第四章 中国高新技术产业创新效率实证研究 ………………… (79)
第一节 中国高新技术产业创新效率现状分析 ………………… (79)
第二节 行业视角下创新价值链各环节的创新效率分析 ……… (80)
第三节 区域视角下创新价值链各环节的创新效率分析 ……… (90)
本章小结 ………………………………………………………… (106)

第五章 中国高新技术产业创新效率影响因素分析 ……………… (108)
第一节 创新价值链视角下创新效率影响因素指标筛选 ……… (109)
第二节 基于皮尔森相关系数法的行业视角下创新价值链
　　　　各环节影响因素相关性分析 …………………………… (113)
第三节 基于皮尔森相关系数法的区域视角下创新价值链
　　　　各环节影响因素相关性分析 …………………………… (116)
第四节 基于多元线性回归法的行业视角下创新价值链
　　　　各环节影响因素相关性分析 …………………………… (121)
第五节 基于多元线性回归法的区域视角下创新价值链
　　　　各环节影响因素相关性分析 …………………………… (128)
本章小结 ………………………………………………………… (138)

第六章 中国高新技术产业创新效率提升与对策研究 …………… (140)
第一节 政府层面的高新技术产业创新效率提升对策
　　　　建议 ………………………………………………………… (140)
第二节 企业层面的高新技术产业创新效率提升对策
　　　　建议 ………………………………………………………… (143)

本章小结 …………………………………………………… (145)

第七章　结论及研究展望 …………………………………… (147)
第一节　研究结论 ………………………………………… (147)
第二节　研究不足 ………………………………………… (149)
第三节　研究展望 ………………………………………… (150)

附录　原始数据表 …………………………………………… (152)

参考文献 ……………………………………………………… (156)

第一章 绪论

高新技术在中国的发展已经有一定的历史，特别是新中国成立以来，对于科学技术尤为重视。中国社会要持续地发展，需要高新技术的推动。高新技术早已成为中国在生产和发展过程中不可或缺的一部分。邓小平同志指出，"科学技术是第一生产力"，只有发展科学技术才能促进社会的发展，科学技术对于整个社会的发展具有极为重要的意义。中国科技的发展，特别是高新技术的发展，势必要抓住发展过程的主要路径，以创新为驱动，全面提升综合实力，实现高质量发展。

第一节 选题背景及研究意义

一 选题背景

高新技术产业作为中国经济快速发展的主要动力，其创新效率状况逐渐进入我国政府视野。2006年3月14日发布的"十一五"规划中，政府明确强调，提高我国高新技术产业创新效率必须坚持五个原则——加强自主创新、着力开发应用、形成产业集聚、利用规模发展、促进国际合作，加快建立以企业为主体、市场为导向、产学研相结合的技术创新体系,并在改善技术创新市场环境、加快发展创业风险投资、加强技术咨询与技术转让等中介服务的基础上,着力提升高新技术产业的自主创新能力。2011年3月14日,为推进我国高新技术产业持续发展,政府在"十二五"规划中,将增强高新技术产业持续创新能力、继续推动高新技术产业创新成果产业化、增强培养与发展战略高新产业、推动高新技术服务业快速成长作为发展重点。"十三五"时期,随着我国人工智能技术的不断创新和发展,人工智能芯片的研发水平也将进一步提升,高新技术产业的发展呈现出百花齐放、百家争鸣的竞争格局。"十四五"规划中,高新技术产业由注重"量"的增长向注重"质"的提升转变。随着全球高新技术产业的竞争日趋激烈,中国高新技术产业的发展必须立足自主创新,推动技术创新进程,提升整体产业发展质量。① 在此背景下研究我国高新技术产业创新效率具有重大理论和实践意义。

高新技术产业属于技术密集型产业,是国民经济发展的中坚力量,对技术和知识依赖程度较高,其技术创新是实现经济高水平增长的源泉。2023年,《财富》杂志刊登的世界500强企业排名,中国共有142家公司上榜,大公司数量连续五年居各国之首。中国142家上榜公司2022年营业收入总额超11.7万亿元,相比2021年营业收入总额提升1.7%。在前50强企业中,有22家(近一半)企业属于高新技术行业,足以说明高新技术产业对全世界的重要性。20世纪末,高新技术产业逐渐成为经济发展重要领域,高新技术的飞速发展极大地促进了经济增长和技术进步,其高渗透性、高知识密集性、高附加值三大特点,成为劳动和资本之外,促进经济增长的第三极。随着经济

---

① 胡振华、杨琼:《中国高新技术产业创新效率研究》,《科学管理研究》2015年第2期。

第一章 绪论

全球化日益加剧,由于企业发展在更大程度上受到资金和劳动的限制,企业必须依靠技术进步来促进生产力的提高,进而提高企业效率和运营水平,因此高技术产业不仅有利于促进产业结构升级转换,还是提高国际市场竞争力的有效途径。

我国高新技术产业发展起步较晚,但在中央及各级地方政策制定及政府规划中,高新技术产业始终是重点发展的方向。早在1988年,我国政府出台"火炬"计划,成为指导我国高新技术产业发展的明灯,并在全国先后建立大批高新技术产业园、支持中小企业孵化器等。不可否认,改革开放以来,高新技术产业取得突飞猛进的研究成绩。根据表1-1,我国高新技术产业2005—2022年在研发机构数量(个)、研发人员全时当量(万人年)、研发经费支出(亿元)、新产品开发经费支出(亿元)、专利申请数量(件)、有效发明专利数量(件)、创新费用支出(亿元)和利润(亿元)八个方面都有不同程度增长。近三年提供的创新经费也逐年增加,尤其是研发经费支出和利润额发展态势良好,如图1-1所示。但这些数据是否说明我国高新技术产业已经站稳脚跟?美国商务部早在2018年4月16日就宣布了对中兴通讯的激活拒绝令,禁止美国公司向中兴通讯出口电讯零部件产品,期限七年,并对中兴通讯处以3亿美元罚款。受此影响,中兴通讯生产经营遭到重度挫伤,随即发出"本公司主要经营活动已无法进行"的公告。业内普遍表明,若该项制裁长期执行,中兴通讯将继续失血,甚至有可能导致破产。专家认为,我国通信产业较发达国家起步晚,在研发能力、技术积累和专利等方面与国外厂商仍有差距,尤其是研发和生产能力,追赶国外技术尚需时间,但在国家政策、资金的大力支持与投入下,发展速度显而易见。像华为、小米这样的国产手机市场迅速崛起，火爆异常，出货量确实大，但低利润一直是手机供应商的痛点。据相关数据统计，2023年苹果手机占有17%的市场，营业收入份额高达45%，营业利润份额斩获85%，减去三星20%的市场、17%的营业收入和12%的利润后，国产手机虽有60%的高市场份额，但只能拿到38%的营业收入和3%的利润，10台国产手机的利润还不如1台苹果手机。究其原因，苹果手机在供应链管理和核心技术方面占据较大优势，其掌握手机核心部件的生产技术，拥有绝对的自主研发及创新能力，生产成本得到有效控制。相比之下，国产手机很多零部件依赖国外进口，成本增加，导致国产手机利润变低。

表1-1　　　　　高新技术产业发展情况（2005—2022年）

统计项目	2005年	2010年	2015年	2020年	2021年	2022年
研发机构数量（个）	1619	3184	11265	20185	23041	25084
研发人员全时当量（万人年）	17.3	39.9	72.7	99.0	112.0	125.4
研发经费支出（亿元）	362.5	967.8	2626.7	4649.1	5684.6	6507.7
新产品开发经费支出（亿元）	415.7	1006.9	3030.6	6152.4	7510.0	8590.6
专利申请数量（件）	16823	59683	158463	348522	397524	434039
有效发明专利数量（件）	6658	50166	241404	570905	685428	809824
创新费用支出（亿元）	—	—	—	24671.5	28789.5	31543.7
利润（亿元）	4079.7	8986.3	10301.8	11308.9	13105.4	16508.6

资料来源：2005年、2010年、2015年、2020年、2021年、2022年《中国统计年鉴》和《中国工业统计年鉴》及笔者整理。

第一章 绪论

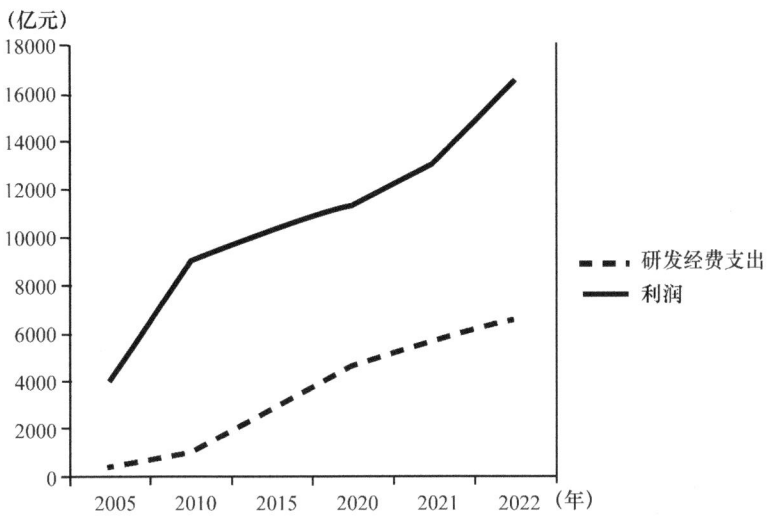

图1-1 我国高新技术产业研发经费支出与利润变化趋势

综上，中兴通讯事件表明我国高新技术行业并未真正掌握核心技术才会出现令人惋惜的局面，国产手机的低利润说明科技成果没有完全转化为我们期待的最终价值。出现这些现象的主要原因是我国现有高新技术产业仍处于模仿创新阶段，基础薄弱，加上研发投入不足导致自主创新能力较低，使得投入产出效率不高，如图1-2所示，这成为制约我国高新技术产业发展的关键因素之一。

基于以上研究背景，本书要解决以下问题：高新技术产业创新效率究竟如何；创新价值最终实现的过程中取决于哪些环节；各个环节如何衔接；各环节创新效率值的对比以及各环节创新效率影响因素有哪些；如何改善创新各环节的投入产出比值来提升创新效率。本书期待对这些问题的探讨有新的研究结论并为高新技术产业发展、实现科技强国提供实践意义与参考价值。

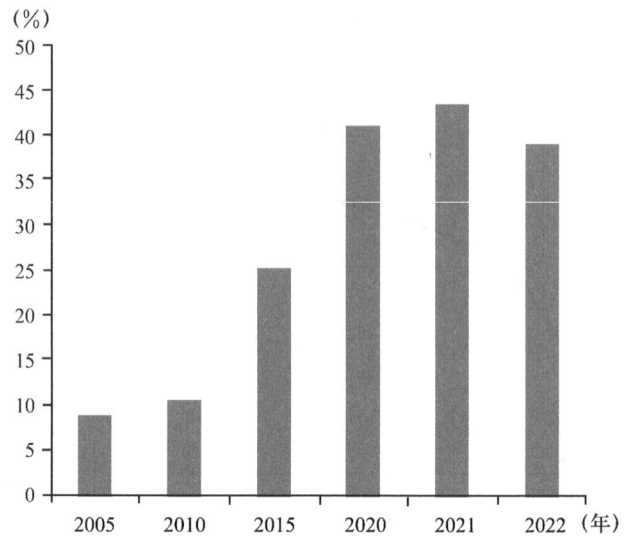

图1-2 我国高新技术产业研发经费支出与利润比率变化情况

二 研究意义

从创新价值链的视角对我国高新技术产业创新效率进行评价研究具有较强的理论性和实践意义。

(一) 理论意义

进入"十四五"发展阶段，我国经济社会环境发生深刻变化，改革发展也面临新任务；同时，随着知识经济的深入发展，创新活动与经济发展联系更加紧密。在此背景下，如何推动我国高新技术产业创新发展，按照加快发展新格局要求，解决"高质量发展需要与科技创新能力不足的矛盾"成为我国创新发展面临的主要问题之一。目前我国高新技术产业虽然已经有大规模发展，却表现不佳，主要是受创新效率低下、发展不平衡等问题制约。所以，针对科技创新能力不足的问题，提升高新技术产业创新效率成为重要途径之一。因此，对高新技术产业创新效率做出合理、准确评价，对实现我国产业创新竞争力具有重要意义。创新价值链是近年来技术创新研究中被高度关注的问题，同时也是仍然有待深入探索的研究领域。目前提及创新这一问题时，谈论更多的是双环节创新价值链，即从创新资源投入到科技成果转换和从科技成果到价值化产出转化的双阶段模式，缺乏对创新内在规律的理论解释和对比。本书以高新技术产业为例，根据创新过程演变特征，细分双环节创新价值链，基于现有的创新理论和研究基础，重新构建创新价值链理论模型，从更为全面的视角系统性分析创新过程，并结合实证方法进行具体分析，多角度展现创新各环节的创新效率状况，从理论上为创新效率评价提供较新的视角，拓展高新技术产业创新效率问题的研究思路，为全方位地深度剖析创新效率提升问题提供参考价值。

(二) 实践意义

高新技术能够在更大程度上对特定的产业产生持续影响，也可以对整个社会生产过程中的各领域企业产生多层次影响。高新技术能降低生产成本是众多企业乐于采用高新技术的一个重要原因。但是目前高新技术本身的动力不足，要在社会当中产生积极的影响，就需要相关的企业以及整个企业生产过程中的有关链条更重视在生产过程中整合高新技术资源。高新技术产业发展程度能够反映国家科技发展水平，同时对改善技术进步与经济总体发展水平具有折射作用。技术创新关系到产业的生存与发展。高新技术产业作为我国国民经济的支柱，其创新效率的高低不容忽视。创新效率由产业投入产出比衡量，受到内部效率和外部效率影响，同时受制于区域创新资源和创新知识水平等竞争优势以及产业资源、结构和创新模式。近年来，我国逐渐增加对高新技术产业的关注，不断增加创新资源投入，因此该产业发展迅速，但是在提升创新能力方面却并不理想。本书对我国高新技术产业创新进程、行业间和地域间差异、各创新环节效率等问题进行深

中国高新技术产业创新效率评价及提升

入探究,将区域和产业相互结合,通过行业和区域视角对我国高新技术产业创新效率进行实证分析。同时,本书将创新价值链和技术创新效率有机融合,在创新价值链的视角下对我国高新技术产业创新效率进行评价研究,力图在丰富产业创新理论的同时,为现代技术企业技术创新效率提升问题提供相关参考建议。这对提升整体产业国际竞争力具有更为深远的实践意义和指导作用。

第二节 国内外研究述评

一 关于创新效率的研究

（一）创新效率研究

国外研究者从多个不同视角针对技术创新效率问题进行研究分析。最早的技术创新效率研究是 Koopmans 在 1951 年提出的投入产出量,针对可行的技术投入产出原则进行分析。① 在 20 世纪 70 年代,DEA 分析法（数据包络分析法）和 SFA（随机前沿生产函数分析法）相继提出并被认可,成为效率研究测算主流方法,先后经历了 Meenusen 和 Van den Broeck、Aigener 等以及 Battese 和 Coelli 三个发展阶段。② Frided 和 Lovell 提出 DEA 分析方法,在一定程度上脱离

---

① Koopmans T. C., "An Analysis of Production as an Efficient Combination of Activities", *Activity Analysis of Production and Allocation*, 2011 (13): 213-223.

② Meeusen. W., Van den Broeck J., "Efficiency Estimation from Cobb-Douglas Production Functions with composed Error", *International Economic Review*, 1977, 18 (2): 435-444; Aigener D. J., Lovell C. A., Schmidt P., "Formulation and Estimation of Stochastic Frontier Production Function Models", *Journal of Econometrics*, 1977, 6 (3): 21-37; Battese E., Coelli T. A., "Model for Technical Inefficiency Effects in a Stochastic Frontier Production Function for Panel Data", *Empirical Economics*, 1995 (2): 325-332.

第一章 绪论

环境因素，使计算的效率值更精准、更科学，因此受到广泛应用。① Moreno 和 Paci 对欧盟 Top11 创新型国家企业进行案例分析和研究，分析制造类企业 R&D 技术创新效率，通过投入产出函数进行测算，研究结果表明，不同国家之间的产业技术创新效率具有较大的差别。② Lee 和 Park 在上述研究基础上对亚洲 31 个国家进行 R&D 技术研发创新效率研究，采用最常用的 DEA 分析法（数据包络分析模型），通过对比分析发现，新加坡地区基础创新效率最高，中国基础创新效率最低。③ Wang 对全球 30 多个国家进行跨国家的投入生产函数模型分析，分析方法采用多元线性回归模型和 DEA 包络分析方法，对影响投入产出函数的因素进行分析，将资本存量作为创新投入，将创新经济效率作为创新生产产出，发现研发过程中的创新效率呈现规律性递增状态，2/3 以上的国家投入生产函数是有创新效率的，创新效率呈现规模递增规律。④ Sharma 和 Charnes 在跨国家投入和生产函数模型的基础上进行全球技术产业创新效率分析和研究，并对亚洲的 40 多个国家采用多元回归模型和 DEA 包络分析方法进行技术创新效率定量分析，通过相关性分析得出的研究结论显示，各个国家的技术创新效率存在明显差异，东亚国家的技术创新效率较高，而南亚和西亚国家技术创新效率较低。⑤ 国外也有很多学者针

---

① Frided. H. O., Lovell. C. A. K. S., "Accounting for Environment Effects and Statistical Noise in Data Envelopment Analysis", *Journal of Productivity Analysis*, 2002 (17): 157-174.

② R. Moreno, R. Paci, "Geographical and Scientific Clusters of Innovation in Europe", *Annals of Regional Science*, 2004, 39 (4): 715-739.

③ Hak Yeon Lee, Yong Tae Park, "An International Comparison of R&D Efficiency: DEA Approach", *Asian Journal of Technology Innovation*, 2005 (2): 3-11.

④ Eric. C. Wang, "Innovation, Regional Knowledge Spillovers and R&D Cooperation", *Research Policy*, 2007, 33 (2): 245-255.

⑤ Sharma. W., Charnes A., "Some Models for Estimating Technical and Scale Inefficiencies in DEA", *Management Science*, 2008 (30): 1078-1095.

对高新技术产业进行技术创新效率的评价分析，Akihiro 针对欧盟制造业进行 DEA 技术创新效率研究，借助 DEA 技术创新效率评估展开分析，结果认为制造业技术创新水平呈现规模递增规律和边际规模效率递减趋势，该项研究对高新技术产业创新效率反映产业投入产出比的数据包络分析模型具有指导和推广意义。[①] Chen 和 Kou 运用 DEA 分析法测算中国 30 个省级行政区的技术创新效率，研究结论表明中国各区域的创新效率值处于较低水平，有很大改善空间。[②] Song 等采用动态面板模型测算中国 269 家私营企业在 2003—2008 年的创新效率值，并分析政治关联对创新效率的影响程度，研究结果表明政治关联可以降低资金周转难度，加速资金利用，从而提升创新效率。[③] Kontolaimon 等运用 DEA 模型实证分析欧洲 28 个国家的创新效率问题，同时对 28 个国家进行经济状况分类，研究发现 28 个国家中发达国家的创新效率远远高于发展中国家或转轨经济体组织。[④]

国内学者对技术创新效率的研究始于改革开放以后。在 20 世纪末期，中国政府针对大中型国有企业实施改革，制造业开始转型，技术含量逐渐增多，因此科研院所和高等院校的管理学界对技术创新效率研究开展得如火如荼，研究内容与国外学者相似，大多把焦点放在区域发展方面，着眼于区域技术创新和产业技术创新领域。

---

① Akihiro. R. D., "Measuring the Efficiency of DMU", *European Journal of Operational Research*, 2008（2）：429-441.

② Chen. K. H, Kou M. T., "Staged Efficiency and Its Determinants of Regional Innovation Systems: A Two-step Analytical Procedure", *Annals of Regional Science*, 2014（52）：627-657.

③ Song M. L., Ai H. S., Li X., "Political Connections, Financing Constraints, and the Optmization of Innovation Efficiency among China's Private-Enterprises", *Technological Forecasting & Socialchange*, 2015（92）：290-299.

④ Kontolaimon A., Giotopoulos I., Tsakanikas A., "A Typology of European Countries Based on Innovation Efficiency and Technology Gaps: The Role of Early-stage Entrepreneurship", *Economic Modeling*, 2016（52）：477-484.

国内学者刘顺忠、官建成选取投入产出指标,采用 DEA 方法从区域视角分析技术创新效率,结果显示东、中、西部效率值依次递减,这与资源禀赋和政府政策有关,可做相应调整来平衡各地区创新效率。[①] 池仁勇、虞晓芬、李正卫利用数据包络分析模型对我国 30 个省级行政区技术创新效率进行实证分析,结果显示我国技术创新效率值呈现从东部向西部逐渐递减的特点。[②] 张宗益、周勇、钱灿、赖德林对我国各地区技术创新效率进行分析后认为我国技术创新整体效率呈上升态势,但局部效率偏低,东、中、西部差距较为明显。[③] 李嫒采用 DEA 方法构建技术创新效率三层评估体系指标,研究我国 27 个地区在 1991—2004 年的创新效率。[④] 阮娴静运用 DEA 方法测算我国 18 个重点城市的技术创新效率值,包括综合创新效率值、纯技术创新效率值、纯规模效率值等,并在研究中阐明达到 DEA 有效的改进方法与方向。[⑤] 王春枝、王娟构建技术创新效率评价相关指标,并测度各区域技术创新效率,研究结果表明,我国各区域创新效率差异较大,全国整体创新效率偏低,要尽快配套相应措施协调并提升技术创新效率。[⑥] 王锐淇、彭良涛、蒋宁运用 SFA 分析法对我国区域创新效率进行实证研究,并找到影响创新效率的原因。[⑦] 冯缨、滕家佳从纵

[①] 刘顺忠、官建成:《区域创新系统创新绩效的评价》,《中国管理科学》2002 年第 1 期。
[②] 池仁勇、虞晓芬、李正卫:《我国东西部地区技术创新效率差异及其原因分析》,《中国软科学》2004 年第 8 期。
[③] 张宗益、周勇、钱灿、赖德林:《基于 SFA 模型的我国区域技术创新效率的实证研究》,《软科学》2006 年第 2 期。
[④] 李嫒:《基于 DEA 方法对我国区域高新技术产业园区的效率分析》,《科技和产业》2008 年第 1 期。
[⑤] 阮娴静:《我国重点城市技术创新效率的测算》,《科技进步与对策》2009 年第 15 期。
[⑥] 王春枝、王娟:《我国高新技术产业技术创新效率评价及其影响因素分析》,《内蒙古财经学院学报》2010 年第 5 期。
[⑦] 王锐淇、彭良涛、蒋宁:《基于 SFA 与 Malmquist 方法的区域创新效率测度与影响因素分析》,《科学学与科学技术管理》2010 年第 9 期。

向和横向两个维度对江苏省高新技术产业创新效率进行评价，从行业视角着重分析五大高新技术行业的创新效率值。[1] 张永庆、刘清华、徐炎从行业视角运用随机前沿生产函数测算了高新技术行业——医药制造业的研发效率。[2] 刘满凤、李圣宏运用DEA模型和超效率DEA模型对我国所有高新技术产业园区技术创新效率进行有效性评价。[3] 孙虹、俞会新运用DEA分析法对河北省医药制造业创新效率进行测算。[4] 陈洪转、舒亮亮对中国31个省级行政区的高新技术产业园区投入产出效率（即创新效率）进行实证研究。[5] 解学梅、赵杨运用因子分析定权法对上海市1999—2009年的技术创新效率进行测算。[6] 汪娟、肖瑶运用DEA方法对中国4个直辖市及28个省会城市的技术创新效率进行测算，得到综合效率值、纯技术效率值、规模效率值、规模收益值等。[7] 李江帆、张少华认为创新效率提升除了依靠自主创新能力，产业间的知识转移、专业化分工以及知识溢出效应也是提升技术创新效率的有效途径。[8] 孙峰、王有志、余景亮以医药制造业为切

---

[1] 冯缨、滕家佳：《江苏省高技术产业技术创新效率评价》，《科学学与科学技术管理》2010年第8期。

[2] 张永庆、刘清华、徐炎：《中国医药制造业研发效率及影响因素》，《中国科技论坛》2011年第1期。

[3] 刘满凤、李圣宏：《国家级高新技术开发区的创新效率比较研究》，《江西财经大学学报》2012年第3期。

[4] 孙虹、俞会新：《河北省医药制造业技术创新效率及创新能力研究》，《科技管理研究》2012年第10期。

[5] 陈洪转、舒亮亮：《基于DEA模型的我国高新技术产业园区投入产出效率评价》，《科学学与科学技术管理》2013年第4期。

[6] 解学梅、赵杨：《区域技术创新效率研究：基于上海的实证》，《中国科技论坛》2012年第5期。

[7] 汪娟、肖瑶：《基于DEA方法的中国城市技术创新效率研究》，《财经理论与实践》2013年第3期。

[8] 李江帆、张少华：《基于投入产出表的结构变迁与知识服务业发展研究》，《管理学报》2013年第1期。

入点，基于研发投入强度及研发投入产出效率，选取1991—2012年的面板数据，测算研发经费产出弹性，结果显示呈梯次状态。①谢玲玲、许敏利用BCC模型，采用DEA分析法测算我国各省份大中型工业企业创新效率，找出差距并提出对策建议。②尹述颖、陈立泰把创新过程视为创新生成和创新转化两个阶段，运用超越对数里的随机前沿生产函数模型对我国103家深沪医药公司的面板数据进行了两阶段的技术创新效率测算。③李斌、田秀林、张所地、赵华平认为中国经济地域宽广，资源禀赋具有差异性，对高新技术产业创新效率的研究应该采用"空间治理"视野。④孙研、李涛、曾武佳、李清华、蔡承岗选取研发人员全时当量、研发内部经费支出作为投入要素，用专利申请数量和新产品收入作为创新产出的衡量指标，对我国高新技术产业创新效率进行新的测度。⑤尹洁、刘玥含、李锋从创新生态视角出发，将高新技术产业创新过程划分为同化、生长以及利用三个阶段，根据不同生态层级选用不同指标进行评价体系构建。⑥

(二) 创新效率影响因素研究

国内外很多学者对创新效率评价研究颇感兴趣。不仅如此，他们

---

① 孙峰、王有志、余景亮：《我国医药制造业研发投入产出效率与对策——基于医药制造业Panal Date的实证研究》，《科技进步与对策》2014年第22期。

② 谢玲玲、许敏：《区域大中型工业企业技术创新效率研究》，《科技管理研究》2013年第6期。

③ 尹述颖、陈立泰：《基于两阶段SFA模型的中国医药企业技术创新效率研究》，《软科学》2016年第5期。

④ 李斌、田秀林、张所地、赵华平：《城市创新能力评价及时空格局演化研究》，《数理统计与管理》2020年第1期。

⑤ 孙研、李涛：《我国高新技术产业创新效率测算》，《统计与决策》2020年第16期；曾武佳、李清华、蔡承岗：《我国高新技术产业开发区创新效率及其影响因素研究》，《软科学》2020年第5期。

⑥ 尹洁、刘玥含、李锋：《创新生态系统视角下我国高新技术产业创新效率评价研究》，《软科学》2021年第9期。

也同样关注哪些因素会改变企业创新效率,技术创新效率影响因素研究较多,普遍认为R&D经费、产业结构、企业规模、FDI、创新计划、知识溢出等都可能改变技术创新效率。

创新是复杂的动态过程,影响其发展的因素众多,不同因素对创新的影响程度各不相同,最早研究创新效率影响因素的国外学者Schumpeter的研究结果表明,市场结构对技术创新效率高低有一定程度的影响,高市场集中程度更有利于刺激企业开展研发活动,提升创新效率。[①] Jaffe对高等院校和科研院所进行创新成果研究,发现高校研发产生外溢明显有利于企业创新技术创新效率,企业创新效率具有及时性、快速性、短期性等特点。[②] Jaffe等对美国高新技术产业研发资源投入和技术创新成果进行分析,发现近30年研发投入和创新成果具有显著的相关性。[③] Schmookler对美国技术投资和专利序列进行分析,发现专利与技术创新具有较强的正相关性。[④] Arrow认为竞争性环境反而会给企业带来压力,更有利于提高创新效率。[⑤] Higon的实证研究结果显示:高新技术产业内部R&D投入对创新效率有显著的正向影响,但外部及外资研发投入与创新效率不存在显著关系。[⑥]

国内学者虞晓芬、李正卫、池仁勇、施鸣炜认为所有制、经营者

---

① Schumpeter, *Capitalism, Socialism and Democracy*, London: George Allen & Unwin, 2008.

② A. B. Jaffe, "The U. S. Patent System in Transition: Policy Innovation and the Innovation Process", *Research Policy*, 1989, 29 (4-5): 531-557.

③ A. B. Jaffe, M. Trajtenberg, R. Henderson, "Geographic Localization of Knowledge Spillovers as Evidenced by Patent Citations", *Quarterly Journal of Economics*, 1993, 108 (3): 576-598.

④ J. Schmookler, "Invention and Economic Growth. Cambridge", *Harvard University Press*. 1996 (17): 251-263.

⑤ Arrow K. J., *Economic Welfare and the Allocation of Resources for Invention in National Bureau of Economic Research : The Rate and Direction of Inventive Activity*, Princeton: Princeton University, 1962.

⑥ Higon D. A., "The Impact of R&D Spillovers on UK Manufacturing TFP: A Panel Approach", *Research Policy*, 2007, 36 (7): 964-979.

学历、技术创新方式、技术创新协调性都会不同程度地影响创新效率。①朱有为、徐康宁采用多元线性回归模型分析高技术产业研发效率影响因素，发现企业规模、市场竞争程度、外商投资企业和国有企业的比重均与研发效率有显著正相关性，其中外商投资企业对研发效率的影响最为深刻。②韩宝龙、李琳、刘昱含对高新区产业集群发展问题的研究结果显示，同一产业链上的集聚程度可以提高创新效率，但相关联产业间的集聚度同样值得关注，地理位置也是创新效率影响因素之一。③白俊红认为，政府补贴支持对创新效率提升起到积极有效作用，政府补贴可以增加企业创新投入资金，激励企业扩大研发，从而提升创新效率。④谢子远认为，低水平产业集群对创新效率影响不显著，应考虑优化产业集群程度，尊重产业发展规律。⑤汪海凤、赵英认为规模与效益因子、工业化和国际化发展因子均对高技术产业创新效率有不同程度的影响。⑥黄德春、闵尊祥、徐敏从产业层面，运用我国高新技术产业2004—2008年省级面板数据，实证分析金融发展规模和金融发展效率对技术创新效率的影响程度，研究结果表明：无论是金融规模还是金融发展效率，对技术创新效率均有明显促

---

① 虞晓芬、李正卫、池仁勇、施鸣炜：《我国区域技术创新效率：现状与原因》，《科学学研究》2005年第2期。
② 朱有为、徐康宁：《中国高技术产业研发效率的实证研究》，《中国工业经济》2006年第11期。
③ 韩宝龙、李琳、刘昱含：《地理邻近性对高新区创新绩效影响效应的实证研究》，《科技进步与对策》2010年第17期。
④ 白俊红：《中国的政府R&D资助有效吗？来自大中型工业企业的经验证据》，《经济学（季刊）》2011年第4期。
⑤ 谢子远：《国家高新区技术创新效率影响因素研究》，《科研管理》2011年第11期。
⑥ 汪海凤、赵英：《我国国家高新区发展的因子聚类分析》，《数理统计与管理》2012年第2期。

进作用，呈现正相关性。① 孙早、宋炜对中国制造业创新效率影响因素进行研究，选取2003—2009年的面板数据展开实证分析，结果显示民营企业研发投入与产业创新绩效的正相关性比国有企业更为显著。② 张长征、黄德春、马昭洁研究了金融市场与高新技术产业创新效率的相关性，研究中选取29个省份数据进行分析，结果显示越是欠发达地区，在提升创新效率的过程中，对金融市场的依赖程度越强。③ 刘和东、陈程通过DEA方法，基于创新价值链视角测度1999—2008年我国高新技术产业创新绩效，并对我国高新技术产业影响因素进行研究，结果表明，我国高新技术产业在技术开发阶段受产权机构和企业规模影响，在成果转化阶段受企业规模和企业支持影响。④ 吴佐、张娜、王文考察政府研发投入对企业创新效率的影响，研究结果表明政府支持对创新效率影响具有两面性，还须进一步深入探讨。⑤ 戴小勇、成力为认为加大科技改进是提高综合创新效率的有效措施。⑥ 王遂昆、郝继伟分析政府补贴支持对创新效率的影响，研究中选择2007—2012年深圳市中小企业为研究对象，发现政府补贴支持对中小企业创新效率有明显的促进效应。⑦ 李冲、钟昌标研究融资与创新效

---

① 黄德春、闵尊祥、徐敏：《金融发展与技术创新：对中国高新技术产业的实证研究》，《中国科技论坛》2011年第12期。

② 孙早、宋炜：《企业R&D投入对产业创新绩效的影响——来自中国制造业的经验证据》，《数量经济技术经济研究》2012年第4期。

③ 张长征、黄德春、马昭洁：《产业集聚与产业创新效率：金融市场的联结和推动——以高新技术产业集聚和创新为例》，《产业经济研究》2012年第6期。

④ 刘和东、陈程：《中国原创性高新技术产业技术效率测度研究——基于创新价值链视角的两阶段分析》，《科技进步与对策》2011年第12期。

⑤ 吴佐、张娜、王文：《政府R&D投入对产业创新绩效的影响——来自中国工业的经验证据》，《中国科技论坛》2013年第12期。

⑥ 戴小勇、成力为：《研发投入强度对企业绩效影响的门槛效应研究》，《科学学研究》2013年第11期。

⑦ 王遂昆、郝继伟：《政府补贴、税收与企业研发创新绩效关系研究——基于深圳中小板上市企业的经验证据》，《科技进步与对策》2014年第9期。

第一章 绪论

率的关系,通过2005—2011年全国工业企业面板数据研究显示,虽然国有企业能够获得较低的融资成本,但其产出效率仍不如民营企业,说明融资成本对创新效率的影响并不显著。① 刘伟测算高新技术行业创新效率,认为市场结构和企业规模能促进技术创新效率的提升。② 陈伟、刘锦志、杨早立、周文运用Tobit模型回归分析产业创新效率影响因素,研究结果显示政府支持力度、产业科技水平、从业人员素质和企业规模均与创新效率正相关。③ 扈瑞鹏、马玉琪、赵彦云对中关村科技园2011—2014年数据进行收集整理并测算分析,结果显示研发资本存量与研发人员投入与创新效率具有显著正相关性,产业规模与创新效率存在负相关性,产业集中程度对创新效率没有显著影响。④ 杨芸、洪功翔对我国国有高技术企业创新效率影响因素进行研究,结果表明政府支持和企业规模不利于技术创新效率的提升,进出口交货值和技术升级支出能促进创新效率提升。⑤ 陈岩、张斌、翟瑞瑞运用3SLS方法探讨我国制造业国有企业债务结构对企业投入产出的影响程度,从实证研究结果发现,国有流动债务和长期负债对创新效率均有不同程度的影响。⑥ 栾斌、杨俊在研究中选取238家上市公司作为样本数据,认为民营企业创新投入对就业稳定

---

① 李冲、钟昌标:《融资成本差异与企业创新:理论分析与实证检验——基于国有企业与民营企业的比较研究》,《科技进步与对策》2015年第17期。
② 刘伟:《中国高新技术产业研发创新效率测算——基于三阶段DEA模型》,《数理统计与管理》2015年第1期。
③ 陈伟、刘锦志、杨早立、周文:《高专利密集度产业创新效率及影响因素研究——基于DEA-Malmquist指数和Tobit模型》,《科技管理研究》2015年第21期。
④ 扈瑞鹏、马玉琪、赵彦云:《高新技术产业创新效率及影响因素的实证研究——以中关村科技园为例》,《现代管理科学》2016年第10期。
⑤ 杨芸、洪功翔:《国有高技术企业创新效率及影响因素研究》,《安徽工业大学学报》(社会科学版)2016年第5期。
⑥ 陈岩、张斌、翟瑞瑞:《国有企业债务结构对创新的影响——是否存在债务融资滥用的经验检验》,《科研管理》2016年第4期。

· 17 ·

和促进效果优于国企。① 方大春、张凡、芮明杰认为,作为创新投入要素的新产品研发支出和研发人员折合全时当量两项指标对创新产出均有显著正向影响,但产业利润对创新效率影响并不显著。② 王义新、孔锐利用 Tobit 构建回归模型,对创新效率影响因素进行分析,发现企业规模、政府支持与高新技术产业创新效率正相关。③

二 关于创新价值链的研究

创新价值链(Innovation Value Chain,IVC)的概念由 Hansen & Birkinshaw 提出并被外界关注,他们最早把创新价值链引入新兴产业领域,认为 IVC 是以创新元素为纽带对创新过程进行进一步细分的概念模型,由创意产生、转化和扩散三个阶段构成。④ 但是在更早时期,科学与价值的链式结构也被提出过。威廉·J. 克林顿等在总统报告《科学与国家利益》中指出:今天的科学与技术不再是一条生产线,更像一个生态系统。⑤ Humphrey 和 Schmitz 认为价值链的主要作用是衡量参与创新活动关系人的性质,以及这些关系人对企业未来发展的影响。⑥ Shere 从供给角度论述创新价值网络的重要意义,诠释

---

① 栾斌、杨俊:《企业创新投入与创新绩效的就业效应及其差异分析》,《管理学报》2016 年第 5 期。

② 方大春、张凡、芮明杰:《我国高新技术产业创新效率及其影响因素实证研究——基于面板数据随机前沿模型》,《科技管理研究》2016 年第 7 期。

③ 王义新、孔锐:《价值链视角下规模以上工业企业科技创新效率及关键影响因素研究——基于 DEA-Tobit 两阶段模型》,《科技管理研究》2019 年第 3 期。

④ Morten T. Hansen, Julian Birkinshaw, "The Innovation Value Chain", *Harvard Business Reviewer*, 2007, 85(6): 121-130.

⑤ [美] 威廉·J. 克林顿、小阿伯特·戈尔:《科学与国家利益》,曾国屏、王蒲生译,科学科技文献出版社 1999 年版。

⑥ Humphrey & Schmitz, "Developing Country Firm in the World Economy: Governance and Upgrading in Global Value Chain", INEF: Report No. 61, Duisburg: University of Duisburg, 2002.

第一章 绪论

创新过程的链式结构。[1] Roper 等认为,创新价值链是知识获取、转换和研发利用的循环过程,是企业通过收集创新所需要的相关知识,将其转变为创新成果并将成果最终在市场实现流通的连续过程。[2] Xie 和 Lux、Ren 认为在创新产生阶段,企业若与外界经济实体保持密切联系与合作交流,能够发挥信息共享、分散风险的作用,有利于创新价值顺利实现。[3] Desarbo 等认为创新扩散阶段,企业不但具备开发新产品、新技术和新工艺的知识储备,还须拥有对市场进行分析和把握的能力,有助于创新成果的流通与扩散。[4] Lin 和 Chiu 认为创新价值链是引导企业从外观设计、产品研发到开拓营销渠道实现创新价值的链式结构。[5] Kramer 从全球化角度,侧重价值共享观点,重新梳理创新价值链内容。[6] Doran 致力于创新价值链创新能力实证研究,视角主要定位于区域层面或区域创新能力,旨在运用创新价值链理论探索提升区域竞争力优势的途径。[7] Lee 和 Gereffi 把创新价值链适用对象从发达国家扩充到发展中国家,并对创新价值链应用价值进

---

[1] Shere S., "From Supply-Chain Management E-supply Chains", *Supply Chain Management*, 2005 (10): 77-83.

[2] Roper S., Du J., Love J. H., "Modeling the Innovation Value Chain", *Research Policy*, 2006, 37 (6): 961-977.

[3] Xie G., Lux. Ren L., "Cluster Innovation Mechanism and Its External Efforts on China's Small and Medium-sized Enterprises", *Technology Management for the Global Future*, 2006, IEEE: 917-922.

[4] Desarbo W. S., Benedetto C. A. D., Song M., "A Heterogeneous Resource Based View for Exploring Relationships between Firm Performance and Capabilities", *Journal of Modeling in Management*, 2007, 2 (2): 103-130.

[5] Lin R., Chiu K. K., "Customer Relationship Management and Innovation Capability and Empirical Study", *Industrial Management & Data System*, 2010, 110 (1): 111-133.

[6] Kramer M. R., "Creating Shared Value", *Harvard Business Reviews*, 2011 (89): 62-77.

[7] Doran J., "External Interaction, Innovation and Productivity: An Application of the Innovation Value Chain to Ireland", *Spatial Economic Analysis*, 2011, 6 (2): 199-222.

行更深入的分析。① Ganotakis 和 Love 侧重于研究创新价值链的运用，把重点放在高新技术产业和制造业，研究创新效率和创新效率的影响因素。② Priyadarshini 对创新价值链进行新的诠释，展现创新价值链视角下的创新活动全过程，并探讨创新各个重要因素之间的关系。③

与国外创新价值链研究相比，国内研究者起步较晚。21 世纪初期，我国学者开始针对技术创新价值链进行理论研究和实践分析。刘志彪、刘晓昶、张辉借鉴国外创新价值链理论、垂直专业化分工原理对我国相关产业升级路径进行研究，开启了创新价值链的全面应用。④ 黄钢、徐玖平、李颖认为创新价值链是把创新源开发成为新产品，再实现市场流通的价值化过程。⑤ 陈劲、陈钰芬和庞瑞芝、李鹏对两阶段创新活动效率进行测算，认为，研发阶段效率高于应用阶段效率，这也基本符合我国现实情况。⑥ 白俊红、江可申、李婧和白俊红、蒋伏心把创新过程视为两个环节，认为创新由创新成果研发和创新成果应用两阶段构成。⑦ 张慧颖、戴万亮认为传统的创新价值链三阶段模

---

① Lee J., Gereffi G., "Global Value Chains and Agrifood Standards: Challenges and Possibilities for Smallholders in Developing Countries", *Proceedings for the National Academy of Sciences*, 2012, 109 (31): 12326-12331.

② Ganotakis P., Love J. H., "The Innovation Value Chain in New Technology-based Firms Evidence from the UK", *Journal of Product Innovation Management*, 2012, 29 (5): 839-860.

③ Priyadarshini A., *Adoptin an Open Innovation Paradigm: Managerial Perceptions and the Innovation Value Chain* [EBLOL], 2015.07.25.

④ 刘志彪、刘晓昶：《垂直专业化：经济全球化中的贸易和生产模式》，《经济理论与经济管理》2001 年第 10 期；张辉：《全球价值链理论与我国产业发展研究》，《中国工业经济》2004 年第 5 期；张辉：《全球价值链动力机制与产业发展策略》，《中国工业经济》2006 年第 1 期。

⑤ 黄钢、徐玖平、李颖：《科技价值链及创新主体链接模式》，《中国软科学》2006 年第 6 期。

⑥ 陈劲、陈钰芬：《企业技术创新绩效评价指标体系研究》，《科学学与科学技术管理》2006 年第 3 期；庞瑞芝、李鹏：《中国工业创新：过程、效率与模式——基于 2001—2008 年大中型工业企业的数据》，《产业经济研究》2011 年第 2 期。

⑦ 白俊红、江可申、李婧：《中国区域创新效率的收敛性分析》，《财贸经济》2008 年第 9 期；白俊红、蒋伏心：《考虑环境因素的区域创新效率研究——基于三阶段 DEA 方法》，《财贸经济》2011 年第 10 期。

型提出时间较短,尚未成熟,于是针对该模型提出新的动力支持模型——创意动力,构建成新的四阶段创新价值链模型。① 刘家树、菅利荣在对创新价值链问题的研究中,从区域层面探讨了创新活动的链式结构关系。② 余泽泳、刘大勇认为创新活动能驱动经济增长,知识创新、科研创新和产品创新的紧密联合,是实现完整创新价值的基础。③ 姜彤彤和宇文晶、马丽华、李海霞支持创新价值链两阶段观点。④ 赵林海把创新价值链引入产业集群,将产业集群和创新价值链有机结合,考察创新驱动作用及实现机理。⑤ 周迪、程慧平从创新价值链各阶段,即知识创新、科研创新、产品转化三个阶段分析我国区域创新活动空间特征,为非均衡与收敛特征研究提供新的研究视角。⑥ 苟尤钊、林菲探讨科技经济"两张皮"的原因,认为在创新价值链中知识价值向经济价值转变的过程是出现断裂的根源。⑦ 余珮、程阳运用因子分析法从创新价值链三阶段角度测算我国115家国家级高新技术产业园创新效率。⑧ 曾蔚、吴雪晴、吴厚平、张昭把创新价值链视

---

① 张慧颖、戴万亮:《基于创新价值链的区域创新价值链概念模型》,《科技进步与对策》2011年第1期。

② 刘家树、菅利荣:《知识来源、知识产出与科技成果转化绩效——基于创新价值链的视角》,《科学学与科学技术管理》2011年第6期。

③ 余泽泳、刘大勇:《创新价值链视角下的我国区域创新效率提升路径研究》,《科研管理》2014年第5期。

④ 姜彤彤:《高技术产业研发创新全要素生产率研究——基于价值链的视角》,《北京理工大学学报》(社会科学版)2013年第4期;宇文晶、马丽华、李海霞:《基于两阶段串联DEA的区域高技术产业创新效率及影响因素研究》,《研究与发展管理》2015年第3期。

⑤ 赵林海:《基于价值链视角的创新驱动产业集群升级研究综述及展望》,《科技和产业》2014年第7期。

⑥ 周迪、程慧平:《创新价值链视角下的区域创新活动空间非均衡与收敛研究》,《科技管理研究》2015年第19期。

⑦ 苟尤钊、林菲:《基于创新价值链视角的转型科研机构研究——基于华大基因为例》,《科技进步与对策》2015年第2期。

⑧ 余珮、程阳:《我国国家级高新技术园区创新效率的测度与区域比较研究——基于创新价值链视角》,《当代财经》2016年第12期。

为创意动力、产生、转化和推广四个阶段,并探讨在四个阶段中资本构成要素及其对中小企业成长绩效的作用机理。①

综上所述,前人对某一产业的创新效率问题研究分析较为片面,欠缺前提和角度,创新价值链的运用为创新效率的分析提供了较新的概念和视角。因此本书欲从此处入手,对我国高新技术产业的创新效率进行深入分析,以求找到问题的所在。

第三节　研究内容与结构安排

一　研究内容

本书从行业和区域视角对我国高新技术产业创新效率进行实证分析;同时,有机结合创新价值链和技术创新理论,将创新视为三个环节,在创新价值链这个较新的视角下对我国高新技术产业创新效率进行评价研究,力图在丰富高新技术产业创新理论的同时,为现代高新技术企业技术创新效率评估和效率提升提供相关参考和建议。

本书从创新价值链的角度将创新视为科技成果产出、科技成果商品化、科技成果社会化三个环节,并确定在这三个环节里分别用哪些指标来测度以及三个环节里分别有哪些影响因素,为后续影响因素分析作铺垫;同时借助皮尔森相关系数分析法和多元线性回归两种方法分析影响创新效率的因素,根据数据分析结果总结影响因素相关度;从行业和区域的角度对我国高新技术产业创新效率进行分析,其中行业视角分别从医药制造业、航空航天器制造业、电子及通信设备制造业、电子计算机及办公设备制造业和医疗仪器设备及仪器仪表制造业五大行业在创新价值链理论模型中的三个环节进行 DEA 分析,区域

---

①　曾蔚、吴雪晴、吴厚平、张昭:《基于创新价值链的创新资本对中小企业成长性的影响研究》,《科技管理研究》2017 年第 8 期。

视角则对25个（6个区域的数据缺失严重，因此放弃）省级行政区域各个创新环节的创新效率情况采用DEA方法进行分析，通过对结果的分析与对比，提出对未来高新技术产业创新效率提升的对策建议。

二 结构安排

根据图1-3框架结构所示，本书主要内容安排如下。

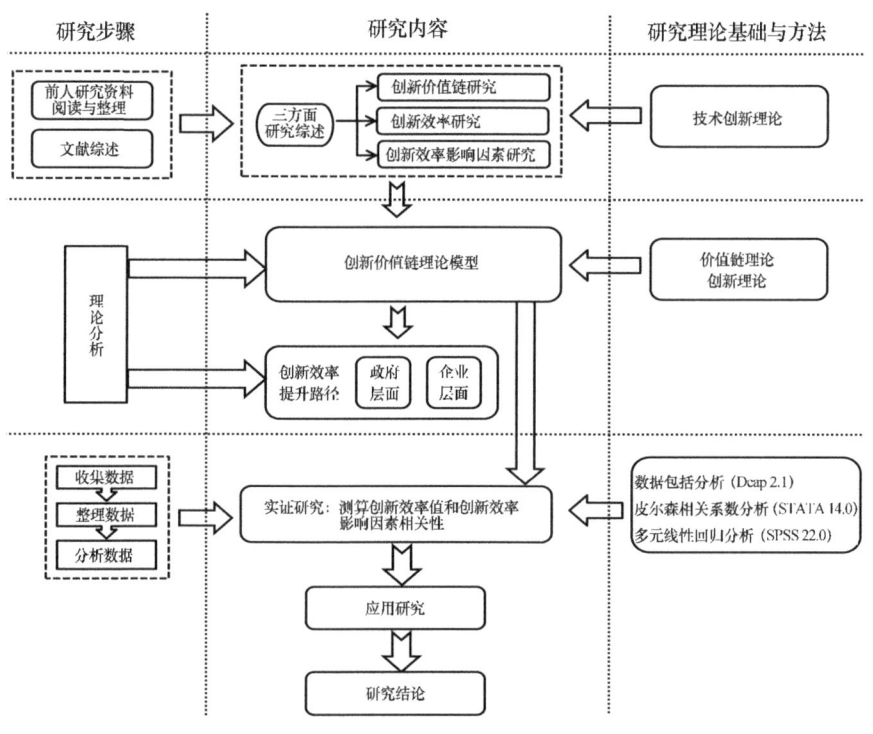

图1-3 本书主要架构

第一章，绪论。该章阐述选题意义及文献综述，通过对选题背景和研究意义的介绍揭示选题缘由，对国内外相关文献进行重新梳理及总结，包含对高新技术产业创新效率、创新效率影响因素、创新价值链及其相关概念三大方面的综述，阐明研究方法、结构安排和创新点。

第二章，相关理论基础。该章是对全书理论基础的概述，归纳有关高新技术产业的概念及分类、技术创新理论和创新价值链相关理论。

第三章，模型构建及研究方法介绍。该章在前人研究基础上，构建创新价值链理论模型，将创新视为三个环节，分别是科技成果产出、科技成果商品化、科技成果社会化三个阶段，形成链式结构，并筛选出三个环节中的创新效率测算指标，归纳创新效率评价原则、思路和方法，数据来源及处理，为后续的实证分析奠定基础。

第四章，中国高新技术产业创新效率实证研究。该章分别从行业和区域两个角度对我国高新技术产业创新效率进行实证研究。行业视角分别从医药制造业、航空航天器制造业、电子及通信设备制造业、电子计算机及办公设备制造业和医疗仪器设备及仪器仪表制造业五大行业在创新价值链理论模型中的三个环节进行 DEA 分析；区域视角则分析 25 个省级行政区域在创新价值链理论模型的三个环节中的创新效率值，与行业视角的分析思路相似，同样选择 DEA 方法研究创新效率。

第五章，中国高新技术产业创新效率影响因素分析。该章借助皮尔森相关系数分析法和多元线性回归方法分析影响创新效率的因素，根据数据分析结果总结影响因素的相关度。

第六章，中国高新技术产业创新效率提升与对策研究。该章针对第四章创新效率测算结果和第五章创新效率影响因素分析为高新技术产业的发展提出相关对策建议。

第七章，结论及研究展望。该章对前文理论及实证研究进行结论归纳，并针对由于研究能力受限及研究中的不足，做继续改进与完善规划。

第四节 研究方法与创新点

一 研究方法

（一）文献研究法

通过查阅国内外文献，对创新效率、创新价值链、创新效率影响因素研究进行全面梳理，该方法主要运用于"构建创新价值链理论模型"，在对前人的文献阅读中进行总结和提炼，构建三次投入、三次产出的创新价值链，实现对高新技术产业创新效率评价问题的深入探讨。

（二）定量研究法

主要采用DEA数据包络分析法，该方法运用于"我国高新技术产业创新效率实证研究"，测算各行业和区域创新效率值。

（三）计量经济分析法

本书采用皮尔森相关系数分析法和多元线性回归分析法，运用于"我国高新技术产业创新效率影响因素分析"，两种方法同时运用可达到相互检验的效果，旨在找到影响因素与技术创新效率之间的相关程度。

二 创新点

本书在技术经济学、计量经济学、产业经济学等理论研究基础上，基于创新价值链这一较新角度对我国高新技术产业创新效率进行评价研究，并提出提升我国高新技术产业创新效率的方法和措施。本书围绕技术创新效率这一主题，构建技术创新效率评估模型，分析影响因素相关性，并对其进行 DEA 测算。本书在以下方面有学术思想及观点上的创新之处。

第一，创新价值链是新兴、有深度研究价值的热点领域，现阶段对产业创新效率的研究多数侧重对投入产出比率的测算及改进，研究角度过于单一，在创新价值链这个新视角下对产业创新效率进行评价的研究目前数量不多。本书在对现有相关文献及理论知识进行阅读和整理的基础上，有效地把创新价值链理论模型融入创新过程，以高新技术产业为研究对象，结合技术创新理论，从行业和区域双重视角多维度、系统地分析高新技术产业创新效率值，为全面探讨创新效率提供新的视角，丰富产业创新效率问题的研究方法和研究思路，提升研究深度。

第二，在创新价值链理论研究层面，重新构建理论模型，将创新过程进行深度剖析，细分成三次投入、三次产出，区别于以往一次投入、二次产出的旧观念。本书构建的创新价值链理论模型把创新活动视为由科技成果产出、科技成果商品化、科技成果社会化三个环节组成的连续过程，细化创新的思路，增强了对创新各个环节效率比较研究的针对性。

第三，在实证研究方面，目前大部分研究采用的分析方法和选取的研究角度较为片面。本书从行业和区域双重视角出发，借助统计软件 DEAP 2.1 对创新效率从水平和垂直两个角度进行全面、系统测算，拓宽了创新效率测算研究视野，提高了研究准确度和科学性；在分析方法上同时采用 DEA 超效率模型与皮尔森相关系数分析法以及 DEA

超效率模型与多元线性回归分析法相结合的形式，对我国高新技术产业在创新价值链理论模型中各阶段技术创新效率进行研究，填补了创新效率影响因素研究方面的不足；采用两种相关性研究方法，提升了研究的客观性和真实性。

第二章 相关理论基础

第一节 高新技术产业内涵[①]

在科技革命和技术创新的带动下,技术行业开始从传统行业剥离,形成科技含量更高,更具生产规模的产业。随着20世纪末信息时代的到来,互联网、电子信息产业迅速兴起、蓬勃发展,人们开始追求新的生活和生产方式。新技术的不断涌现使企业竞争日趋激烈,在科技集聚的推动下,高新技术产业得到快速发展,传统行业逐渐被替代。因此,高新技术产业也是产业发展演变的产物,具有鲜明的时代特征。

一 高新技术产业概念及分类

"高新技术"这一名称来源于另一个称谓——"高技术","高技术"一词最早出现在20世纪70年代前后的西方发达国家。英国Oakay教授于1981年指出,高技术产业是指生产高技术产品,同时也包含生产过程和设备的高技术。Ress等人于1986年在此基础上把高

---

① 贾丽娟:《高新技术产业创新与发展战略研究》,中国经济出版社2010年版。

技术产业划分为企业采用自动化的过程和企业生产产品的高技术。该概念十年后传入我国，同时，我国相关专家和学者对国外的高技术产业发展动态和趋势展开探索，"高技术"这一概念被相关部门广泛采用。此后，党的十八大胜利召开，会上提出"注意发展高新技术新兴技术产业"，标志着党中央对发展高新技术新兴产业的重要部署。目前，各大媒体及教科书中都能听到、看到"高技术""新技术"这些概念，也充分说明"科学技术是第一生产力"的道理。高新技术是相对于传统技术而言的，传统技术是指技术员熟知、操作熟练并已经在各项生产中广泛采用的旧技术，而高新技术就是新技术，具有高收益和高附加价值。

高新技术产业可以理解为"高技术"和"新技术"的结合，但这两个概念本身也有区别。"高技术"强调的是高，也就是产品的技术含量，体现的是水平和程度，比如对技术实施者的学历水平、对技术掌握的熟练程度等，所以高技术是相对于中、低等技术而言的；"新技术"则注重时序性，面世时间较短，还没有被广泛接受，相对于传统技术而言，具有新质的特征。值得关注的是，"高技术"和"新技术"并不是相互独立的，而是互相兼容的，高技术里含有大量的新技术，而新技术里也蕴含着不少高技术。在多数情况下，人们都认为二者是统一的，通常会把"高技术"和"新技术"合二为一，就成了我们平时所说的"高新技术"。随着科技发展和产业革新，高新技术产业可以定义为高新技术产业化发展起来的新兴产业，具有极强的经济竞争力和广阔的市场前景，是国家经济的中坚产业，是市场经济新的增长点，对国家的经济、军事、社会、外交、教育有重大的影响，是现代科学技术群发展到一定高度的新标志，遵循科学的发展规律，具有高经济效益和高附加价值，建立在现代自然科学理论基础之上，是集聚高智慧和高技术附加值的最新产业。

根据 OECD 对高新技术产业的描述与划分，以及国家统计局在 2002 年颁布的《高新技术产业统计分类目录通知》，高新技术产业可以分为五大类和十七个子行业，现有的高新技术产业体系具体分类见表 2-1。

表 2-1　　　　　　　高新技术产业行业及子行业分类

一级分类	子行业
医药制造业	化学药品制造
	中成药生产
	生物药品制造
航空航天器制造业	飞机制造
	航天器制造
电子及通信设备制造业	通信设备制造
	广播电视设备制造
	雷达及配套设备制造
	视听设备制造
	电子器件制造
	电子元件制造
	其他电子设备制造
电子计算机及办公设备制造业	电子计算机整机制造
	电子计算机外部设备制造
	办公设备制造
医疗仪器设备及仪器仪表制造业	医疗仪器设备及器械制造
	仪器仪表制造

资料来源：《中国统计年鉴》（2017 年）"高技术产业生产相关情况"。

二　高新技术产业特征

高新技术产业是当代尖端技术的代名词，具体来说，高新技术产业通过使用计算机、利用超大型集成电路生产高端科技产品，投入巨额研究开发费用，因此高新技术产业是智慧密集型产业。从国内近年发布的《中国高新技术产业统计年鉴》研究数据来看，高新技术产业被划分成五大类别，分别是医药制造业、航天航空器制造业、电子及通信设备制造业、电子计算机及办公设备制造业、医疗仪器设备及仪器仪表制造业（后文的实证研究部分也是选择该五类高新技术行业为研究对象）。根据行业性质，高新技术产业具有以下特征。

（一）技术、知识、智慧密集性

高新技术是人类智慧发展到一定高度的里程碑，它的产品即高新技术产品集聚了人类的大量智慧和技术劳动水平，其发展依靠人才储备和科学知识。高新技术产业是集知识、智慧、技术、资金于一体的新兴产业，需要高级科学人才融会贯通多种学科，才能获得创造性发展。

（二）高昂投入性

各大公司的高新技术部门都是以高投入著称，相关研究数据显示，高新技术产业研发经费占总销售额的20%—40%。如大家熟知的微软公司，在20世纪90年代，光是开发Windows 2000这一软件就耗费10亿美元。

（三）高竞争性

高昂投入是为了获得高额回报，在高额回报背后，各大公司面临激烈的市场竞争。各国为了抢占制高点而形成的竞争已经达到白热化程度，大公司人才流失、跳槽现象频频发生。高新技术竞争表面看是技术与知识的竞争，现在正逐渐向创新竞争演变，这正是本书研究创新效率的原因之一。

（四）高风险性

高新技术创新是企业可持续发展的动力，创新探索处在科学前沿，没有人可以预知未来和结果，成败显得尤为重要。任何一个新创意的设计、产生和扩散均具有周期性，结果要么会取得巨大成功，要么造成巨额失利，所以高新技术产业的发展具有超高风险。有关资料统计，在美国，高新技术企业数量不少，但企业创新成功率不到30%，创新受挫达一半以上。除此之外，20%左右的企业因为风险太大出现巨大失利，随时面临破产。

（五）高难度

高新技术产业五大行业，均涉足突破性和科学前沿性尖端领域，建立在现代科技成果基础上，对知识积累的高度依赖要求企业不断开展技术创新维持企业核心竞争力。因此，它与传统技术相比较，难度有所增加。

第二节　技术创新理论

创新并不是新现象，它的历史同人类历史一样悠久。在人类发展进程中，似乎存在一种固有驱动力，驱使人类搜寻解决问题的新方法、好方法，并努力去实现。如果没有这种驱动力，我们所生活的世界将与现在截然不同。试想，如果没有飞机、汽车、电信，没有这些创新，世界该会是何种模样？从更远的角度看，如果没有农业、车轮、文字、印刷术这些基础性创新，我们的今天又会怎样？

一　技术创新理论的起源与发展

提及技术创新理论的真正起源，不得不提到奥地利经济学家熊彼得，是他最早将创新理论引入经济学研究领域。20世纪初，熊彼得提出的创新理论（Innovation Theory）被誉为对当今世界经济影响最为广泛和深远的经典经济理论。① 创新理论主要涉及技术创新，它既是科学术语，又是经济学专业名词。熊彼得在《经济发展理论——财富创新的秘密》中首次提到"创新"这一概念，认为技术创新是资本主义经济增长的根源。他认为，创新内涵丰富，包括：使用新技术、引进新产品、开辟新市场、寻找新材料供应来源、建立新生产组织等。开展创新是企业家必备的才能，企业家对生产资源进行新的排列组合，把从未使用过的生产资源添加到原有生产资源中，形成新的资源组合和生产系统，实现创新。值得我们关注的是，创新理论中提到的"创新"是经济概念，并非技术概念，不能理解成科学技术上的发明创造，而是通过建立新的经济函数，提升生产率。技术创新是企业运用创新所需的高级知识、技能、新工艺、新管理理念或经营方式，提高产品生产质量、生产效率用以开发新产品来占据市场份额并实现市场价值的过程。从本质上理解，技术创新要求企业不断追求进步、追求发展、追求卓越，是一场通过技术进步来促进经济增长的革命。因此技术创新是经济行为，市场占有率和企业获取利润的多寡可以检验技术创新成功与否。

创新概念提出后，熊彼得在20世纪30—40年代相继在《经济周期》《资本主义、社会主义与民主》两本著作中继续深化探讨并形成独特的创新理论体系，由于研究长期经济变迁的学者更多关注诸如资本积累、市场运作机制这些因素，因此熊彼得的思想在当时显得过于异端，导致创新理论在学术研究上一直未得到广泛关注和足够重视，此阶段对技术创新理论进行深入研究的学者寥寥无几。

直至1950年熊彼得去世，与此同时，科学技术的飞速发展对人类经济和社会产生巨大影响，人们才开始意识到创新的重要性。因

---

① [美]约瑟夫·阿洛伊斯·熊彼得：《经济发展理论——财富创新的秘密》，杜贞旭、郑丽萍、刘昱岗译，中国商业出版社2009年版。

此，熊彼得的理论追随者开始对创新理论从不同角度和层次进行分解研究。他们认为技术创新就是技术变革和制度变革的结果，于是创新理论被归纳为两个独立分支：技术创新学派和制度创新学派。本书侧重以技术创新理论研究为基础，对制度创新理论不再赘述。

(一) 国外技术创新理论发展

纵观国外学者对技术创新理论的研究历程，其发展大致可以分为以下三个阶段。

第一阶段：20世纪50年代至60年代末。此阶段为技术创新理论迅速发展时期，技术创新理论得到真正的认可，熊彼得学派主要代表人物有Mansfield、Myers、Maclaurin等，他们在技术创新理论中做出开创性研究。这一阶段的主要研究工作是归纳和总结，界定概念，归纳技术创新的类型、内容、研究对象及主要任务。从总体上看，此阶段研究较为零散，并未形成完整的理论框架，只是在熊彼得的研究基础上运用案例分析进行假设检验。主要代表学者的观点有，Maclaurin将"创新"定义为新产品或新工艺出现在市场的时刻；Mansfield认为技术创新是创新思想形成到使之商业化的全过程，包括新产品、新工艺、服务创新的商业化，他的研究侧重于创新产生的社会效益；Myers指出技术创新是新想法形成—通过不断改进完善适应市场需求—产生商业成果—创造经济价值的复杂过程。

第二阶段：20世纪70年代至80年代中期。此阶段的研究是前一时期的延续，创新理论持续兴旺。此时技术创新理论开始独立，初步形成理论个体，研究对象逐步分解，出现不同深度的全面探讨与争论，形成从不同方向和视角对技术创新理论展开多层次研究的局面。研究范围包含技术创新的新定义、分类，技术创新影响因素分析，技术创新绩效测算，技术创新过程与决策机制，技术创新与市场结构、市场规模、市场竞争、研发系统的关系等。① 此阶段的典型学者是Freeman。他在1996年指出技术创新是将前人未使用过的新产品和新服务市场化，满足企业追求利润最大化并提升企业经济效益的原则，并认为技术创新对经济具有较强的推动作用。

第三阶段：20世纪80年代中后期至今。此阶段的技术创新理论研究向综合化发展，在不同学科得到广泛应用，成为与贸易经济理论、产业经济学、管理学交叉的新研究领域，这一时期的学者更注重热点专题和深入重点的研究以及研究科技成果对社会经济的促进作用。

(二) 国内技术创新理论发展

我国学者对技术创新的研究晚于西方，始于20世纪70年代，我国著名学者傅家骥将国内技术创新研究发展分成三个阶段。

第一阶段：20世纪70年代至80年代中期。此阶段属于技术创新理论引入时期。我国经济学者对技术创新的认识源于1974年北京大学经济系的一本内部刊物《国外经济学动态》，此刊中的一篇专文介绍了熊彼得的创新理论，随后该理论在1981年中国社会科学院出版的《国外经济学讲座》中被再次提到，自此熊彼得的创新理论在国内开始被广泛关注。

第二阶段：20世纪80年代中后期至90年代。此时国内学者对技术创新理论展开深入研究阶段，张培刚、厉以宁、傅家骥等一批国内知名学者陆续介绍国外技术创新研究成果，为我国学者进入21世纪的全面研究阶段奠定了基础。此期以清华大学傅家骥教授为代表的学者出版多本研究专著，从创新的经济效果、发展过程、多阶段组织和管理角度全面研究技术创新理论。傅家骥于1998年发文认为，技术

---

① [英] 克利斯·弗里曼、罗克·苏特：《工业创新经济学》，华宏勋、华宏慈等译，北京大学出版社2004年版。

创新是利用市场中未被发掘的盈利机会创造新产品、新工艺并获取商业利润，同时将现有生产条件重新组织，开辟新产品市场，取得更高效率的全过程。此期学者代表著作有许庆瑞1990年主编的《技术创新管理》，李廉永、杨浩1990年主编的《企业技术创新的理论与方法》，傅家骥等1992年主编的《技术创新——中国企业发展之路》，1993年柳卸林著的《技术创新经济学》及1994年李桓著的《企业技术创新机制论》等。

第三阶段：20世纪90年代末至今。这一时期，我国学者对技术创新理论的研究更为全面，形成多维度、多学科的交叉视角，技术创新理论的实践意义在这一阶段得到最大限度的拓展，知识管理及流动、技术学习、自主创新、创新引进及消化吸收、创新效率测算、创新影响因素等研究领域迅速受到社会关注，引发创新热潮。目前学者正展开基于管理学、经济学、技术学、社会学、哲学、法学等多学科角度的技术创新理论和实证研究，代表著作有2009年柳卸林、刘忠译审的《牛津创新手册》。

二 技术创新理论的主要内容

迄今为止，国内外众多学者对技术创新问题的研究角度各不相同，数量十分庞大，全面回顾技术创新理论不太现实，因此本书仅针对与研究内容紧密相关的部分进行梳理与归纳，主要从技术创新内涵和创新过程两方面着手。

（一）技术创新内涵

1. 技术创新的概念

经济学家熊彼得在其著作《经济发展理论——财富创新的秘密》中首次提出"创新"概念后，国内外学者相继对技术创新展开深入研究，由于各类学者对技术创新问题的分析角度及侧重点不同，再加上技术创新环节众多、内容复杂，因此技术创新的内涵表达不统一。本书梳理了比较有代表性的几种表达，简介如下。

Enos 认为技术创新是资本投入、发明选择、组织建设、制订计划、开辟市场等多种行为的综合结果。① Marquis 认为技术创新过程复杂，它是从创意开始、不断完善并解决问题、成功运用并具有经济价值的新项目。② Stoneman 认为技术创新是首次将发明创造输入系统，通过努力研发，形成商品交换模式的全过程，他强调技术创新就是发明创造的商业化产品。③ Musser 认为技术创新是构思新颖并实现商业价值的非连续事件，与发明有本质的区别，发明是首次提出新产品或新工艺的想法，技术创新则是对想法付诸实施，即技术的实际采用或首次应用。④ Mansfield 认为技术创新是始于企业对产品的新构思、新设计，以新产品的流通和交货为终结的探索性过程。⑤ 索洛等认为创新必须满足两个条件，一是培养创新思想，二是对创新思想实施运作，实现创新价值。⑥ Kai 认为技术创新是将技术的商业潜力认识转化为商业化商品的连续过程。⑦

国内学者对技术创新内涵的理解也有所差异。傅家骥等认为技术创

---

① Enos, *Invention & Innovation in the Petroleum Refining Industry*, Princeton University Press, 1962.
② Marquis, *Inside the Black Box*, Cambridge University Press, 1982.
③ Stoneman, *The Economics of Technological Change*, Oxford University Press, 1983.
④ Musser, "Identifying Technical Innovation. Engineering Management", *IEEE Transaction*, 1985, 32 (4): 158-176.
⑤ Mansfield, "Patents and Innovation: An Empirical Study", *Management Science*, 1986 (32): 173-181.
⑥ [美] 罗伯特·M. 索洛等：《经济增长因素分析》，史清琪等选译，商务印书馆1991年版。
⑦ L. Kai, "Evaluation on Innovation Ability of Industrial Clusters", International Conference on Information, 2009.

新是企业家抓住市场盈利机会，建立更高效的生产系统，开辟新市场以获取最大商业利润的综合过程，包括科技、组织、生产、商业、金融等活动。①柳卸林认为技术创新是与新产品创造、新工艺流程有关的设计、制造及商业活动的有机过程，包括产品创新、过程创新及创新扩散。②李垣、汪应洛将技术创新看作建立新生产体系—重新组合生产要素和生产条件—获取经济利益—让新产品成批进入市场流通的整个过程。③张培刚等将技术创新视为新技术替代旧技术，并将新技术应用生产的过程，这是循序渐进、逐步提高的连续过程。④许庆瑞把技术创新理解为满足社会需要的一种行为，是对现有知识的一种新综合，将科学转化为直接生产力。他还指出，技术创新主要是产品和工艺创新。⑤

2. 技术创新的作用

首先是对经济周期性增长产生影响。熊彼得是第一个用技术创新来诠释经济增长的经济学家，但是他认为这种经济增长并不是长期持续的，而是周期性增长。利润对企业家来说，时刻充满诱惑，因此企业家总是在任何时刻都乐此不疲地从外界挖掘技术发明引入生产，一旦该项创新活动成功，创新垄断利润便会马上实现，其他经营者便会对此开始效仿，从而把技术创新推入创新扩散阶段，带动更多创新风潮，把经济推向高潮，实现经济增长。在众多经营者模仿创新后，创新也就失去新意，此时的垄断利润便会逐渐消失，这时经济增长停止，除非有新一轮的创新再次问世。经济周期性波动是由于技术不断

---

① 傅家骥、姜彦福、雷家骕主编：《技术创新——中国企业发展之路》，企业管理出版社1992年版。
② 柳卸林：《技术创新经济学》（第2版），清华大学出版社2014年版。
③ 李垣、汪应洛：《企业技术创新决策模式的效果模型》，《技术经济》1994年第10期。
④ 张培刚、谭崇台、夏振坤主编：《发展经济学与中国经济发展》，经济科学出版社1996年版。
⑤ 许庆瑞主编：《技术创新管理》，浙江大学出版社1990年版。

创新引发的，因此创新刺激投资，引起信贷扩张导致银行信用需求扩大，促使经济步入繁荣。企业家不断创新获取高额垄断利润，而经营者又随即实施模仿创新，产生激烈竞争，刺激经济快速发展。

其次是对居民社会发展产生影响。熊彼得在另一经典著作《资本主义、社会主义与民主》中写道："创新的结果是资本主义的灭亡和社会主义的诞生。"[①] 创新使人类的生活产生翻天覆地的变化，改革开放以前我们的生活无论是出行还是信息接收都存在不同程度的落后，出门只能靠步行或公交车，传递信息也只能靠速度很慢的书信或电报，而今科技迅速发展，各种发明层出不穷，我们现在主要依靠私家车或地铁作为交通工具，成功分流人群，让交通出行成为一件轻松的事情。现代人的生活中，手机早已成为必需品，不同款式不同功能的手机能够满足不同年龄层次的消费群体，电邮、短信、微信、QQ等多种聊天软件，人们驾轻就熟；各大媒体、网站消息，人们几乎可以同步接收，与时俱进，无不体现技术创新改变社会的事实。

(二) 技术创新过程

企业在市场的竞争力主要通过创新体现，企业内、外部的创新过程及创新成果实施原则是以最低的成本和最快的速度实现价值，进而提升企业自主创新能力和市场竞争力，这是创新存在的价值及核心。

1. 技术创新实施者

(1) 创新主体

熊彼得的"创新理论"中指出，创新主体就是创新活动的主要承担者，遵循现行经济发展规律，创新活动主要由企业家承担，他们之所以能够担此重任，基于三个基本条件：一是眼光独到，能看到市场

[①] [美] 约瑟夫·熊彼得：《资本主义、社会主义与民主》，吴良健译，商务印书馆1999年版。

未来发展情况，探测潜在商业利润；二是极强的经营能力，善于从事经营活动，实现盈利；三是胆识，有冒险精神去追求利益最大化。[①]因此企业家并不是一般意义上的经营者，他们是能够开展技术创新活动并实施推广的能手。

在创新活动中，企业家依靠外生经济变量——技术完成创新活动。企业家意识到经济体系中有一种不受现有市场结构和市场需求影响的力量作用于发明创造，这些发明创造就是未来的潜在利润，所以他们愿意冒风险去进行创新。创新的最终结果很可能影响居民消费需求，同时也可能改变市场结构，带来可观的垄断利益，但是随着效仿者数量增加，垄断利益会逐渐减少。但无论如何，这都标志着一项创新的成功，这也是创新主体——企业家所期待的创新结果。

（2）创新参与者

技术创新过程极其复杂，环节众多且环环相扣，除了企业家作为创新主体起主导作用外，在经济全球化大背景下，随着技术水平的高速发展，创新不再局限于企业内部，换言之，创新已经从企业内部"走出去"，囊括各个能实现创新价值的实体，即创新的参与者，见表2-2。

表2-2　　　　　　　　　　创新活动实施者解析

创新参与者	资源优势	参与形式
创新主体——企业家	人力、物力、财力	主导、联系供应商和客户
供应商	原材料、配件、运输	合作、并购
客户	购买力、销售渠道、信息	合作、并购

---

① ［美］约瑟夫·熊彼得：《经济发展理论——财富创新的秘密》，杜贞旭、郑丽萍、刘昱岗译，中国商业出版社2009年版。

续表

创新参与者	资源优势	参与形式
金融机构	拥有大量资金资源	保证资金来源
投资机构	拥有大量资金资源	提供资金保证（入股）
同行（同类型）竞争企业	创新资源相同	战略联盟、合资
高等院校、科研院所	创新人才、知识储备	联合开发、合作
中介机构	创新技术、市场、信息等	提供信息、咨询服务
政府部门	制度、资金、政策等	扶持、指导、监督

在创新活动中，企业为提升自身发展能力，会自发主导整个创新过程并带动相关实体参与创新活动。与企业有关联的创新参与者有供应商、客户、金融机构、投资机构、同行（同类型）竞争型企业、高等院校、科研院所、中介机构以及政府相关部门。其中，供应商为创新活动提供原材料、配件及运输等其他服务，确定创新方向；客户是企业的服务对象，拥有强大的购买能力（中、大型客户）和丰富的市场渠道，能为创新提供市场信息，实现创新价值；在供应商和客户之间，企业发挥桥梁作用，介绍供应商和客户认识并加强联系，在深入认识的基础上促进合作或并购，进一步整合资源，提高创新效率；创新有固定成本，创新中需要大量资金用于开发和创造，资金周转问题常常让企业和合作伙伴大伤脑筋，此时金融机构（主要是银行）和风险投资机构恰好发挥其独特功能，利用充裕的资金让创新继续；企业之所以要创新，是由于市场竞争而形成的，尤其是同类产品企业所带来的竞争压力，因此企业可以考虑与同类竞争型企业实行战略联盟、合资等合作形式扩展资金来源途径，提高创新成功率；高等院校和科研院所是一支具备充足创新人才和丰富知识资源的强劲队伍，但是这

支队伍缺乏对科技成果的转化能力,因此科研机构唯有与企业联合开发、紧密合作,在创新中扮演参与者的角色;由于创新形成一个有众多参与者的复杂关系网,信息传递难免出现阻碍,所以需要纽带把各个参与者联系起来,中介机构拥有企业创新所需的技术、市场等信息资源,可在创新中串联各个创新参与者,互通有无,提高参与者的创新积极性;最后一个关键的参与者是政府,政府不仅可以起到指导作用,还可以发挥监督职能,在创新过程中提供制度、环境、激励、资金等方面的创新资源,促进区域经济和产业的发展与创新。

2. 创新过程

技术创新不是偶然发生的,更不是单个因素所能决定的,而是一个内容丰富、过程复杂、涉及面广、影响颇远、受到诸多内在因素和外部条件制约的多环节过程。目前,有关企业技术创新过程的理论尚未成型,各界专业人士研究角度不尽相同。经济学家多将注意力集中于创新的经济动机和经济结果,组织学家关注的是创新行为与创新过程在组织结构上和程序上的相互关联,社会学家则专注于创新的社会决定因素及其结果,管理学专家侧重研究最可能导致竞争成功的创新实践,心理学家致力于研究创造力受限的方式,虽然几十年的创新研究积累了大量报告和数据,但对于技术创新一直缺乏统一、严格的界定,因为创新史学家们发现创新并不属于任何一门特定学科,在有关期刊和手册中存在大量不同观点和理论就是一个证明。尽管如此,技术创新对经济和社会的贡献已经得到广泛认同。

熊彼得被尊为对创新进行经济学分析的先驱者,他的观点引领创新领域发展,并阐明创新在经济增长和竞争力提高中的重要作用。他的早期研究特别强调在创新过程中个体而不是组织的作用。他高度评价了杰出个人的个性和意志力的重要作用,把创新定义为"意志的体现"，而不是"才知的行为"。他的观点反映了他所处时代创新活动的特点。随后的研究在一定程度上尝试超越个人主义的局限性，从更为广泛的角度研究参与创新的每一个人的技能和经验。

为了更好地理解这一内涵丰富的创新过程，本书在前人研究的基础上归纳了下面这个一般性的研究框架。

根据 Morly 于 1979 年的论述，创新过程包含对新产品、新工艺或服务机会的探索与利用，这种探索建立在技术实践进步和市场需求变化的基础上。因此创新本质上就是一个匹配的过程。

创新具有内在不确定性，无法准确预测新产品成本和绩效以及用户反应，所以，创新是学习的过程，运用试错法反复试验，提高理论认识基础。因此可以将创新过程分为三个范围较宽并互有重叠的子过程：知识产生，知识转化为"商品"——包含产品、系统、工艺和服务，以及商品与市场需要和需求不断相匹配，每个步骤交叉重叠，与特定学科紧密相联，而且每一步都会随着创新过程的演进发生转变。[①]

- 科学和技术知识生产——自工业革命以来，科学技术知识在学科、功能、制度上越来越专业化，专业化知识有助于对创新的理解。

- 将知识转化为商品——尽管科学知识增长形势迅猛，但理论对技术实践的指导作用不够显著，表明商品对知识的依赖日趋复杂。

- 回应并影响市场需求——新产品、新工艺或服务机会与现实的市场需求的匹配程度，检测创新是否成功。

---

① [挪]詹·法格博格、[美]戴维·莫利、[美]理查德·纳尔逊主编：《牛津创新手册》，柳卸林、郑刚等译，知识产权出版社 2009 年版。

第三节　创新价值链理论

创新价值链由 Morten T. Hansen 和 Julian Birkinshaw 最先提出。他们将创新定义为创意产生、转化、扩散的连续过程，认为只有完美控制这条链式结构，创新过程方可得到持续，顺利实现经济价值。

一　创新价值链内涵

创新概念由熊彼得提出。他认为企业应该建立全新的生产函数对不同生产要素进行重新组合配置，在提升研发水平和营销能力的基础上，扩大生产规模，获取超额利润。诺贝尔经济学奖得主 Solo 对创新问题进行了深入研究，提出技术创新理论。他认为新思想和为新思想付出行动的后续阶段是技术创新的两个条件。此观点被称为"两步论"。在新设计中运用新技术和新工艺并将其转化为商品进行销售，获得利润，这才是技术创新的价值和意义。

经济学家波特提出的价值链理论阐明企业经营管理的目的是确保自身价值和利润的增长。为实现这一目标，企业各部门及所有员工之间紧密联系，齐心协作，增强核心竞争力，价值的实现形成链式结构。本书中的价值链是指不同主体间的价值链增值系统。

美国经济学家 Hansen 和 Birkinshaw 将创新理论与价值链完美融合，对知名企业进行详细研究，搜寻改善创新的路径，提出"创新价值链"概念。[①] 该概念建议企业科学制定创新流程，找出影响创新效率的因素，并通过各种方法扫除障碍，为提升创新效率提供重要理论

---

① Morten T. Hansen, Julian Birkinshaw, "The Innovation Value Chain", *Harvard Business Reviewer*, 2007, 85 (6): 121–130.

依据。

表 2-3 是创新价值链理论框架结构。

表 2-3　　　　　　　　创新价值链理论框架结构

环节	创意产生			创意转化		创意扩散
联系	内部	跨部门合作	外部	选择	发展	推广
	自主构思	各部门间合作	与企业外部机构合作	筛选创意确定投入资本	将创意转化为初步结果	在组织内部传播
思考的问题	内部是否可以独立产生新创意	全公司各部门协作能否提出新创意	通过合作是否可以获取足够创意	如何筛选有价值的创意并为其提供投入资本	是否善于把创意转为商品、业务或最佳实践	是否将创意在内部全面宣传
绩效指标	内部产生的高质量创意数量	公司各部门协作产生的高质量创意数量	从企业获得的高质量创意数量	被选中创意在所有创意中所占比例	产生盈利创意比例及产生第一笔销售收入花费的时间	创意得到扩散的比例及全面推广花费的时间

资料来源：Morten T. Hansen, Julian Birkinshaw, "The Innovation Value Chain", *Harvard Business Reviewer*, 2007, 85 (6): 121-130 及笔者整理。

创新价值链被认为是由创意产生、转换、扩散三个环节构成的链式结构。其理论认为企业的创新源于创意的产生，创新者广泛搜集新想法，然后对其进行筛选、研发与扩散，这些任务形成一条完美的价值链，各环节任务内容环环相扣、紧密相联，因此企业应通过各种途径，努力提升并保持自己的创新优势，达到提高创新效率的目的。

二　技术创新关键环节

创新价值链将创新划分为三个环节，一是创意产生，二是创意转化，三是创意扩散。创新者在创新过程中主要承担以下几项任务。首先，通过各种渠道搜求新想法、新设计或新构思即创意，并在筛选创意的基础上完成研发、销售等后续过程，最终实现经济价值。根据创新价值链理论，本书认为技术创新模式筛选、技术创新转化和技术创新扩散构成创新的三个重要环节。

（一）技术创新模式筛选

创新模式研究始于20世纪80年代，涉及产业组织理论、知识学习及演化理论等。马家喜等的研究显示，创新模式可分为正式创新模式与非正式创新模式，其中正式创新模式又可细分为自主创新、企业并购和技术联盟，非正式创新模式分为技术咨询、成果揭露、技术人才流动、论文发表等。[①] 该研究结果汇聚了国内外诸多学者的思路与成果，具有一定的代表性。因此本书在借鉴该研究成果的基础上，将创新模式归纳为自主创新、模仿创新及合作创新三种模式。

1. 自主创新模式

自主创新模式是企业不借助任何外界力量，利用自己现有知识和技能突破原有技术与难关，并在此基础上延续自身创新能力，进而创造出一项或多项新技术，并将技术完成商品化，获得利润，达到预期目标的商业组织模式。很明显，自主创新模式不依赖和借助自身以外的力量完成技术进步，完全利用自身能力独立开发新项目，完成技术创新全过程。但需要指出的是，一项新技术的开发，可能属于交叉学科，需要多门专业技术才能完成，有核心技术也有辅助技术，只要企业能自主、独立开发核心技术，掌握核心技术原理或机制，辅助技术既可以自己研究也可以委托其他组织研发或购买，因此自主创新要求企业具备高级知识储备和较强研发能力。

---

① 马家喜、仲伟俊、梅姝娥：《企业技术创新组织模式选择范式研究》，《科学学与科学技术管理》2008年第5期。

2. 模仿创新模式

模仿创新又称效仿创新,是企业通过学习、研究,模仿率先创新者创新思路和创新结构的行为,并在此基础上进行完善、改进、探索和进一步开发。模仿创新最大限度吸取率先创新者的成功经验和失败教训,少走弯路,大大节省时间、成本和风险。但是就技术而言,模仿创新不再有新突破和成绩,仅仅只是追随学习,不承担自主开拓,久而久之,模仿者产生惰性,这是模仿创新最大弊端。

3. 合作创新模式

合作创新模式不是企业独自完成技术创新,而是与其他机构如政府部门、相关企业、高校机构或科研单位等合作完成创新,合作主体各自发挥所长,最终实现创新价值。合作创新模式是当前经济社会中常见的创新模式,以合作伙伴共同利益为前提,实现资源共享和互补。该模式有利于企业之间取长补短,加强合作主体之间的联系和了解,达到资源共享、优势互补的效果。当今世界经济发展速度快,市场需求各式各样,新技术开发复杂而且难度大,单靠企业自身能力无法实现,因此企业与外界的合作便自发形成。合作创新模式不仅能缩短创新时间和进程,还能促进企业与合作伙伴良性竞争。

合作创新模式的类型主要有三种。一是政府主导型,由政府担任主要角色,政府既是创新目标制定者,又是创新主导者,负责创新资源投入,获得创新成果所有权。政府主导创新,可以有效避免资金借贷困难、监督不力、人事混乱和效率低下等问题。二是政府诱导型,此合作类型不再是政府唱独角戏,企业同时作为目标制定者和参与者、创新资源投入者和创新成果所有者,政府只是通过传递或制定相关经济政策诱导企业参与合作。相关经济政策包括贷款、税收等金融政策。三是政府倡导型,该模式中,政府并未实际参与创新,既不主导,也不诱导,只是在报纸、杂志、网站等媒体上宣传信息,倡导企业参与创新,企业可在政府倡导下自由选择合作形式。

表2-4是对企业技术创新模式的筛选分析与归纳。

表2-4　　　　　　　　　技术创新模式筛选分析

技术创新模式类别	内涵	特点
自主创新	利用自身技术积累,依靠自身创新资源和能力独立完成创新	交易成本低,独占创新成果,无产权纠纷风险,但对企业自身资源条件要求较高(掌握核心技术)
模仿创新	通过对创新成果的学习和研究,进行效仿	是一种较为经济的创新模式,节省时间和成本,但难以有新突破和新成果,养成惰性
合作创新	通过与企业外部机构合作完成创新	资源共享,风险共担,交易成本低,但创新成果分配值得关注

不同技术创新模式有各自的内涵及特征,企业如何选择取决于企业自身的创新能力。

(二)技术创新转化

适宜的创新模式,可以迅速将创新投入资源转化为科技成果,如专利、高水平科技论文、新产品或新工艺等。但科技成果只是创新的中间产物,并不代表企业的最终价值产出。成功申请一项专利,仅仅完成了研发工作的5%,剩余部分需要科技成果产业化。[1] 因此,如何转化科技成果,成功推向市场,实现创新价值,是评价创新效率的重要环节之一。科技成果转化先后经历研发创造、小批试制、批量生产等环节,最终实现商品价值,是创新主体获取创新收益、赢得竞争优势的关键阶段。[2]

---

[1] 赵捷、邱晓燕、张杰军:《关于落实促进科技成果转化政策的若干思考》,《中国科技论坛》2010年第12期。

[2] 李玥、刘希宋、于立群:《基于获取持续竞争优势的科技成果转化知识学习模式》,《科学学与科学技术管理》2009年第10期。

科技成果转化过程就是科技成果商品化、产业化的过程。已有研究表明,与发达国家相比,我国科技成果转化率普遍偏低。王亚星、徐枫通过研究发现,不少发达国家的跨国公司更多关注研发过程和树立品牌这类高附加值的活动,把生产环节转向低成本的发展中国家。[①]在我国国内也出现了类似现象,一些高新技术产品的生产逐渐离开东部沿海地区,转向生产成本较低的中西部区域,这也是我国高新技术产业科技成果转化率不高的原因之一。我们不禁提出疑问:难道生产过程真的无法产生创新收益吗?其实不然,德国的发达工业产品能够被全球消费者认可,如西门子电器等,足以证明专注生产方面的技术创新同样可以创造高利润。科技成果转化能力是科技成果产业化的必要条件,能够为下一阶段科技成果扩散、快速走向市场提供必要条件。因此,正视创新过程中的生产环节,尤其是实现高新技术领域的高端制造,也是提高科技成果转化效率的有效途径。

(三)技术创新扩散

技术创新的目的是创造价值。[②]创新主体及参与者非常重视创新资源投入,以期产出丰富的科技成果,但如果只是把专利申请作为奖励指标,就必然会导致创新止步于实验室,无法扩散,造成科技资源浪费,再加上研发、生产环节大量资金被占用,影响企业资金周转能力。如果创新得不到扩散、不快速实现科技成果社会化,超时的创新就会拖垮企业,因此加速科技成果扩散即科技成果推向市场,是企业实现持续创新的有效途径。技术创新涵盖技术创新扩散。创新由新的创意设计开始,创意转变为产品只能说明创意的可行性,如果创意得

[①] 王亚星、徐枫:《我国高新技术产业升级的方向和路径——基于全球产业价值链的分析》,《理论界》2008年第5期。

[②] 杨柔坚:《基于价值链重构的传统企业商业模式创新和价值创造研究》,博士学位论文,南京师范大学,2021年。

不到扩散，创新就无法实现价值。创新扩散是创新技术利用一定的传播渠道向可能采用该项技术的使用者传递信息的过程，是促进经济增长的关键性步骤。创新扩散的全过程我们可以视为三步：首先是研发部门开发新技术；其次将新技术运用并投放生产，产生经济利益，完成与经济的有效结合；最后实现技术进步，形成创新扩散。

技术创新扩散的路径有两条：一是通过科技市场直接价值化，转化专利，形成的资金作为再次投入资本；二是专利物化，将专利经过生产环节形成商品，流入市场形成价值。本书基于创新价值链的内涵，认为后者是技术创新扩散的主要形式。商品在市场的流通也受到诸多因素，如市场竞争、售后服务、技术含量、营销模式等影响。

基于创新价值链的视角，创新活动全过程就是创意研发、生产制造、市场流通等环节循环往复的过程，创新不仅包括技术积累，更是经济行为，唯有将各环节有机衔接、整合，才能有力提升创新效率。

三 创新价值链与创新效率的关系

从表2-3创新价值链理论框架结构了解，创新先后经历了创意产生、创意转化、创意扩散三个步骤，与目前研究创新过程的创新投入、创新产出、创新生产三环节研究具有类似含义，因此创新价值链理论对提高创新效率有推动作用。

根据创新价值链思想，回顾已有研究，在创意产生阶段，坚持高强度创新投入的企业，往往能获得大量创意来源，创意产出增加，大幅度提升创新效率；在创意转化阶段，企业利用研发费用支出，有效地将创意转化为创新成果，形成有价值的创新产出；创意扩散阶段衡量创新产出渗透市场的程度，创新产出的经济效益主要在此体现，因此该环节是创新价值链对创新效率作用最直接的环节。

创新价值链对创新效率的影响主要集中在三个阶段的投入产出上，激烈的竞争给企业造成巨大压力，但创新水平始终是企业提升核心竞争力的关键，企业的可持续发展离不开创新效率的提升。近年我国连续加大创新各项投入，但产出情况令人堪忧，一方面科技成果产量不断增加，另一方面企业盈利能力不佳，"高库存"导致很多企业丧失创新能力。所以对创新过程进行细化，将创新价值链三个阶段完美衔接，关注创新的每一个环节，有助于开展提升创新效率路径研究。创新价值的实现是创意产生到创新扩散的连续过程，要想实现创新能力的全面提升，需要针对创新各阶段每个环节的效率进行分析。因此多投入、多产出、多阶段的创新价值链对创新效率的提升具有重要作用。

第四节 创新驱动的路径与赶超

在信息革命的条件下，由于技术能力和组织制度的异质性，全球创新体系的区隔已经出现，后发国家有被排斥在创新网络之外的风险。中国要实现创新驱动的后发赶超，一方面应基于适应性的思路，结合自身创新资源禀赋来构建创新价值链，融入全球创新格局；另一方面应基于赶超的思路，在借鉴后发优势成功经验的基础上重构国家创新体系，促进知识循环流转及应用。中国在"后发优势"战略思维下，通过引进、学习、模仿先发国家成熟的技术与经验，避开技术自主研发所需的高昂成本和经济起飞过程中可能遇到的障碍，经济发展取得重大成就。但目前支持继续以技术模仿"后发优势"战略的环境因素开始发生变化，资源环境的低成本优势和数量型人口红利逐渐消失，模仿型技术发展陷入对外来原发核心技术的持续依赖，在产业价值链的全球分工中被锁定在中低端环节，经济发展出现不协调、不可持续问题。在此情况下，党的十八大提出实施创新驱动发展战略，并将其摆在突出位置。2013年9月，习近平总书记在以"实施创新驱动发展战略"为主题的中央政治局集体学习时强调，全党全社会应紧紧抓住和用好新一轮科技革命和产业变革的机遇，把创新驱动发展作为面向未来的一项重大战略实施好。20世纪末，演化经济学在技术经济范式问题的研究上取得突破性进展，技术能力理论与组织创新理论为后发国家创新驱动并实现经济赶超提供了更现实的理论基础。在此情况下，运用演化经济学有关理论，结合国家有关创新驱动经济发展的战略，认真剖析创新驱动经济发展的理论逻辑及实现策略，对于推动中国产业结构优化升级、经济结构转型及发展方式转变，进而实现由"中国制造"向"中国创造"的转变，具有非常重要的意义。

一　从技术模仿到制度支持的后发优势嬗变

英国经济学家卡萝塔·佩蕾丝结合工业技术发展的历史进程指出，每一次技术革命都形成了主导技术相适应、相匹配的技术经济范式。在主导技术经济范式稳定时，技术进步与经济发展都表现出明显的报酬递增特点，无论是组织演化还是制度演化，均支持基于这种主导技术的创新；当技术先发国家原有技术经济范式的经验已不再适应新的技术经济范式时，与原有主导技术特征相匹配的资本存量和熟练劳动力就成为经济结构调整的负担，那么后发国家便可能获得经济追赶的机会。这是由于此种主导技术经济范式促使技术日益标准化，进而给后发国家引进、学习及模仿创造了可行性条件。历史的经验也证明，模仿性创新曾帮助过某些国家在特定历史阶段实现产业追赶式升级和经济跨越式发展。例如，美国工业化早期依靠英国的技术、欧洲的资金快速建立棉纺工业，且在汲取英国工业化经验的基础上对其工业内部进行创新，建成能充分调动各经济行为主体积极性与主动性的较先进的大型生产组织（例如"股份有限公司"和"通用制"）；日本跨过西方蒸汽动力阶段，直接进入大规模水力电气阶段，日本的现代化用约50年的时间成功完成西方现代化国家用200年才完成的历程。但值得注意的是，在第三次工业革命的背景下，技术经济范式已发生显著变化。技术创新速度的加快会促使工业化后发国家累积的技术、经验、知识、信息"过时"，难以适用于新技术的学习。工业化后发国家即便历经"千辛万苦"对所引进的技术进行消化吸收，也难以跟上工业化先发国家的研发与实用步伐，因为一旦前者学会所引技术时，后者便会创造与推出新一代技术和产品，使前者不得不重复引进。在此情况下，工业化后发国家不仅难以引进真正的核心技术，而且易陷入"技术引进陷阱"，长期处于低端化发展境地。这说明广大的工业化后发国家在引进工业化先发国家的技术时，必须具有较完善的知识基础和一定的人才储备。但学习技术的知识基础需经过长时间积累方能完善，工业化后发国家在短时间内很难做到。因此，即便成功引进工业化先发国家历经多年才取得的重大突破技术，后发国家也很难在短期融会贯通。与此同时，技术线性模式演化为更复杂的网络体系，技术创新主体既要关注组织内部各种创新资源的整合，又要注重动员组织外部的各种创新资源，技术创新过程表现为不同创新主体相互沟通、相互协作、相互学习的过程。当代技术创新模式的演进在某种程度上已形成对传统技术学习模式的阻碍甚至阻断。全球范围内技术经济范式的变革，使得技术后发优势的发挥越来越难，依靠技术后发优势取得的收益越来越少。甚至，在经济发展的赶超历史中还常常出现这样一幕：一些后发国家像历史上那些后发国家一样在不断追赶先发国家，但最终常常并没有实现成功赶超，甚至有时与先发国家之间的差距不是越来越小，而是越来越大。

实际上，技术经济范式的存在，不仅为后发国家在技术创新速度相对稳定和技术标准成熟时提供了一套技术发展决策的常识性规则，更为重要的是，在经济体与经济体之间、技术与技术之间，一套强大的包容—排斥机制也因此逐渐形成。技术经济范式的变革意味着新的主导型技术及这种主导型技术的支撑体系被认为是一种最优的惯性模式，可以催生关联技术、组织形态、管理方法及制度安排的创新，通过扩散性影响而不断强化先行者的优势；而后发国家会由于路径依赖和累积因果的原理逐渐陷入发展的僵局，甚至经济持续衰退，因为即使某项制度在不久前完全适应当时最先进的技术、组织或市场知识，为解放生产力、发展生产力做出了不可磨灭的贡献，随着技术经济范式的演化，原本形成红利的制度安排，在新的技术经济范式中也可能变成一种约束，阻碍经济的可持续发展，甚至成为经济风险的来源。格什克隆在总结19世纪末欧洲工业化的历史经验时指出，一国经济越落后，特殊制度因素在工业化中所起的作用就越大，进而这种因素的强制性与内容的广泛性越显著；落后程度的不同导致各国在应对新技术冲击时的制度创新具有多样性，后发国家实现追赶的潜力实际上体现为"技术上落后但制度上先进"。阿布拉莫维茨认为，一国技术水平的落后，反映出其发展具有快速增长的潜力，但技术差距只是后发优势的一个组成部分；衡量其追赶的潜力不仅由落后程度决定，而且也取决于新技术的吸收能力与制度建设。从这个意义上说，第三次工业革命将带来组织结构和竞争格局的重大调整，基于国家层面的创新驱动并不是简单地用新技术取代旧技术，而是一场技术经济范式意义上的技术、管理、组织和制度的全面协同变革。

二 技术追赶

演化经济学者费莱斯曼在20世纪80年代提出的技术能力理论为学界对后发国家通过技术创新实现经济赶超动态路径的研究开启了新的理论视角。技术能力通常可被看作企业获取、革新、创造新技术所必不可少的知识与技能。值得注意的是，技术能力不仅包括工程与技术诀窍，而且主要涵盖组织诀窍和有关供应商、消费者行为类型的知识、经验及信息。按照波兰尼对显性知识和隐性知识的划分及界定：前者主要涉及可用语言、符号表示出来并且能在经济主体之间进行交流的知识、技能，而后者主要涉及的绝大多数知识与技能无法用言语表示出来，经济主体主要借助于实践和实例取得，这显然会极大地增加技术能力获得的困难。尼尔逊在此基础上提出，产业技术中相当部分的技能属于可整理的知识，但即便被看成能被整理的技术公共知识，也与通常意义上经济主体免费摄取的公共知识有所不同：这种公共知识需要经济主体花费较多的时间、精力及资源并借助一定的方式免费学习，当然，还必须通过各种途径发展隐性知识，以能免费获得这些公共知识。也就是说，技术能力的积累在很大程度上取决于隐性知识的积累，而技术能力的积累也是实现后发赶超的主要基础。

在技术能力积累的路径上，后发国家及地区与领先国家存在不同的范式。一般而言，较之于发达国家，后发国家及地区的技术能力并不是在创新的基础上发展而来的，而是主要从投资或生产能力方面积累和塑造的，以此为基础再逐渐发展投资和创新能力。这从20世纪之初德国赶超英国以及亚洲"四小龙"飞速崛起并实现经济追赶的经验中能获得比较有力的证明。英国虽然在19世纪末拥有当时国际范围内最为优秀的科学研究人员，但英国所实行的教育制度并没有能力为英国新技术的发展提供称职、合格的工程师，这成为英国在电力、化学等新技术产业上逐渐被德国赶超的主因之一。与此相似，亚洲"四小龙"在20世纪80年代每万名毕业工程师的比例超过很多拉丁美洲和亚太经合组织（OECD）成员国家。与德国和亚洲"四小龙"所不同的是，印度和墨西哥这两个国家曾经非常重视对基础科学研究的投入，却经常忽视对高质量、高水平、高能力的工程师的培训，进而导致其高等教育的畸形发展，最终导致其经济发展速度大幅度下滑。此外，诸多演化经济学家早已证明，无论是19世纪的美国，还是20世纪末的日本，虽然在基础科学方面在当时没有处于世界领先地位，却成功地赶超过很多之前的先发国家。

这充分表明，如果一个后发国家及地区正处于追赶领先国家的初期及中期阶段，把主要精力集中在基础科学研究领域其实并不明智，这时需要做的是将较多的精力集中在对高质量工程师的教育方面，培养众多的高质量工程师作为基本的人力资本，后发国家及地区在经济方面将会逐渐地落后于先发国家。因为，对于后发国家及地区而言，技术学习从生产阶段开始。在生产的初始阶段，技术追赶能力首先建立在比较简单的劳动力方面，在尽可能保证产品质量的前提下，借助当时国外相对先进的产品、工艺及组织技术进行逐渐的创造性模仿，进而初步建立起本国的技术能力。在追赶阶段，技术能力的培养主要是建立在不断深化生产能力的基础上，在实践过程中，后发经济体既可以选择直接复制领先国家的技术，也可选择跟随战略，模仿领先国家的技术。但必须注意的是，当后发国家及地区的技术整体上比较接近领先国家的技术时，如果后发国家及地区仍旧采用复制和模仿战略，则很难在技术上超越领先国家。实际上，当后发国家及地区的技术逐渐接近追赶极限时，其选择的战略应尽可能地体现出技术的多样性，也就是将已经获得的技术陆续扩散到众多产品与领域，从而逐渐获得与技术有关的范围经济。在此形势下，后发国家及地区国内市场的作用就变得非常重要。与此同时，由于技术经常处于陆续变革状态，此时后发国家及地区国内的科技基础设施对于其追赶和超越领先国家，亦起着十分重要的作用。这也进一步说明，并不是说基础科学不重要，而是说，在后发国家及地区经济追赶的初期及中期阶段，对高质量工程师的教育可能更重要；而当后发国家及地区的技术逐渐接近追赶极限时，基础科学的至关重要性便凸显出来了。纳尔森和韦德等对韩国和中国台湾地区的研究也充分显示：后发国家及地区在基础科学上的必备能力是其创新体系的重要组成部分。

从国家及地区层面看，其制度供给主要是基于企业在实践过程中积累的技术能力，与之相匹配的同时鼓励技术创新。也就是说，先发国家和后发国家及地区在不同的技术经济范式中，其内在创新系统也存在"区隔"。一方面，虽然技术领先呈现出高成本、高风险、不确定性强的特点，但在很大程度上决定了国家竞争力，先发国家为保持技术知识的领先地位，不断积累创新资源、调整创新机制、改善创新环境、促进国际互动，其宏观发展环境聚焦激发各创新行为主体的积极性，促进各行为主体之间的相互协调与联合，促进科学技术知识在国民经济体系中的循环流转及应用。另一方面，广大的发展中国家仍专注于以廉价劳动力为比较优势承接从发达国家转移而来的低技术环节和工序，并在此基础上学习模仿，逐渐形成为适应技术模仿而构建的制度结构、人才结构、研发结构。基于此，价值链协同知识创新在先发国家和后发国家及地区分别形成两个不同的循环阵营：一是从价值链的高端切入，从源头创新着手，陆续延伸到整个链条创新，这是一种从创新源头出发而追求原始创新的过程；二是从价值链的中低端入手，基于模仿创新，逐渐地沿着整条价值链向高端攀援，这是一种从"成熟技术创新"出发而追求模仿创新的过程。前者可被称为原始型创新价值链，具有自上而下的特点，而后者可被称为模仿型创新价值链，具有自下而上的特点。原始型创新价值链与模仿型创新价值链表现出诸多的差异性，而导致这种差异性的根源便是两者所依赖的技术能力不同并由此引致的技术经济范式不同。

三　制度赶超

通常来讲，隐性知识一般主要隐含在个体与组织之中，因此，企业在生产经营管理的过程中若要形成和发展其技术能力，应该与供应商、营销商、消费者及科研组织构建知识沟通与学习的网络，通过经常交流与沟通才能实现对隐性知识的掌握和技术能力的提升。这种将技术和产业发展中众多经济行为者的努力不断进行结合所形成的社会网络和制度安排被称为创新体系。一般而言，在技术能力与知识创造的过程中，隐性成分所占的份额越大，相关行为者在文化、组织、社会关系等领域的亲和力越重要，而这种亲和力在全球信息化、知识化经济的背景下，在不同的层面主要体现为由地方到国家再到区域等多维层面的知识创新体系。在不同的历史阶段，创新体系促使技术能力发展的主导类型呈现出比较明显的差异性。例如，在英国工业革命蓬勃发展的时期，古典型的个人企业家在促使市场经济发展的过程中起着非常重要的作用，而创新者技术能力的增强主要是借助培训、在职学习等方式，在此形势下，科学的作用并不是非常显著，单个企业组织逐渐被看成企业技术能力发展的主导型制度。但是，在第二次工业革命时期，单个企业制度组织显然已根本不能适应电力、化学等领域内新技术的发展，在此形势下，产生企业技术实验室和大学科学实验室这两个人类历史上非常重要的科技制度创新。这两种制度创新促使大学和企业在科技创新领域产生非常明显的分工：大学主要生产具有"公共产品"性质的科学知识，而企业主要借助知识扩散进行技术创新。这两种制度创新使当时经济发展处于落后地位的德国和美国在新技术方面，快速地追赶上并超过英国。20世纪90年代以来，知识经济和信息经济不断获得深入发展，尤其是知识的创造与使用机制发生重大变化：就传统意义来讲，知识创造与知识使用在很大程度上表现出较为明显的分离状态；就现代意义上而言，知识创造与知识使用处于相互促进的状态，并且知识生产的新模式要求有不同的制度与组织形式与之相适应。随着国际分工重组的加速，知识生产的垂直一体化被看成企业技术能力获得不断发展的主导产业组织模式。在此情况下，为了适应新生产模式的组织方式并获得发展，创新网络应运而生。尤其是伴随信息革命在世界范围内的逐渐展开与陆续普及，创新网络正陆续成为21世纪上半叶知识生产与企业技术能力获得不断发展的主流模式。

创新网络的兴起与发展使创新系统的"区隔"存在逐渐融合的可能性，这为广大的后发国家及地区追赶先发国家提供了崭新的机会。在知识经济、信息经济的背景下，日益增多的发达国家的跨国公司将技术活动从其主导与治理的全球价值链中剥离出来，进而将其纳入企业间的国际技术网络之中，这为广大的后发国家及地区实现经济追赶和赶超的角度和路径提供了新的选择。随着国际外包服务业的兴起，越来越多的发达国家跨国公司逐渐尝试将高技术产业产品生产过程中的低附加值环节的技术扩散到发展中国家及地区，而非仅仅向发展中国家及地区扩散劳动密集型产业的生产技术。甚至，在个别情况下，发达国家与发展中国家及地区传统意义上的"技术生产—运用"模式正逐渐转变为双方"研发合作"的互动模式，这显然给发展中国家及地区提供了更多的向发达国家学习的机会和途径。譬如，韩国与中国台湾地区在提高技术能力的过程中，其主要是借助自身企业与原材料、组件等供应商形成产业关联的方式，逐渐进入跨国公司所主导与控制的国际生产网络，并在此基础上通过"干中学"的方式陆续掌握国际上先进的技术，且在逐渐提高自身能力的基础上不断增强自主创新能力。

但必须注意的是，由于技术经济范式的排斥性特征，随着全球化的不断深入推进和创新网络的陆续发展，广大的后发国家在实施经济追赶和赶超战略时，或许面临着更加严峻的挑战。首先，很多后发国家的企业被发达国家的跨国公司排斥在创新网络之外，尤其是很多经济发展落后的中小发展中国家，其与发达国家在创新能力方面的差距可能不仅不会缩小，而且会不断加大。其次，全球价值链的深入发展还对后发国家的技术创新能力提出了较高的要求。发达国家的跨国公司对发展中国家的劳动力质量提出一定的要求，这表明发展中国家必须将更多的精力投入到对已有劳动力的教育上，否则极有可能无法参与发达国家主导的全球创新网络，更不可能在此网络中获得一定的收益。最后，全球价值链的深入发展和国际分工重组进程的不断加速还导致广大的后发国家在技术上经常面临依附的风险。发达国家的创新网络，不仅使发展中国家的经济被逐渐限制在自然资源、标准化产品及生产装配的过程中，而且促使很多国家形成典型的"二元经济结构"：一方面，发展中国家内部出现与国外企业相关联的"飞地型"创新网络；另一方面，绝大多数的中小企业与之产生技能失调的关系，信息与知识交换较少。在此形势下，国家在创新体系建设的过程中若不能发挥非常重要的作用，不积极、主动地推动国内创新网络的培育和发展，全球价值链深入发展的结果便很有可能使创新区隔进一步强化。

四 双重策略

在信息革命的新条件下，中国作为发展中的大国，在批判地吸收诸多后发优势成功经验的基础上，应根据自身创新资源条件和市场规模采用与当前国内外实际情况相匹配的创新策略。结合前文对技术经济范式的演化分析，中国的创新驱动应采取两种策略：适应性策略，即通过创新价值链的构建，积累隐性知识，提升技术能力；主动性策略，即通过国家创新体系构建，促进知识流动，发展创新网络。

（一）创新价值链构建：创新区隔下的一个适应性策略

产业发展与创新价值链两者之间存在非常紧密的联系，从某种意义上讲，无论是先进制造业，还是现代服务业，抑或是战略性新兴产业，若要引领中国未来产业发展，进而推动中国经济高端升级和高端发展，就必须突破在全球价值链上被低端锁定的困境和重复建设的恶性循环，并在此基础上大力培育和发展创新价值链。作为一个非常典型的在技术创新处于后发地位的国家，中国应借助模仿型技术创新的优势和原始型技术创新的优势来选择一个适应性的国家创新策略：在原始型技术创新和模仿型创新所积累的知识、技术、信息、制度等无高级要素的基础上，不失时机地将创新价值链打造的重点建立在原始型技术创新的基础之上，坚持模仿型技术创新和原始型技术创新相互依存、相融共生的路径。

首先，基于"追赶"的角度考虑，在打造创新价值链的过程中，中国不应该舍弃但也不能完全借助于模仿型技术创新。之所以不应舍弃基于技术后发优势的模仿型技术创新，是因为基于模仿型技术创新来构建创新价值链具有以下两方面优势：一是技术创新路径比较清晰和明确，这有助于创新主体集中人力、财力等创新资源，然后对其进行高效配置，进而可大幅度节约协调每个创新分工环节所需的匹配成本；二是模仿型技术创新比原始型技术创新更加贴近市场应用，这显然能极大降低创新的不确定性和风险成本，进而创造出比较广阔的市场应用前景及大幅度节约开拓市场和经营市场的成本，促使创新能获取比较高的回报。对于当前自主创新能力不是很强的中国而言，积极借助于模仿型技术创新仍不失为打造创新价值链的良策。根据之前的分析，模仿型技术创新的一个致命缺陷是容易导致技术引进方陷入技术依附和"研发加工厂"境地，尤其是随着当代诸多条件的变化，依靠模仿型技术创新难以掌握主导技术、核心技术及关键技术，而这些技术显然是决定创新价值链能否最终打造成功的关键。

其次，基于"赶超"的角度进行分析，中国不应舍弃但也不应完全依靠原始型技术创新。之所以不应舍弃原始型技术创新，是因为较之于模仿型技术创新，原始型技术创新所打造的创新价值链，体现出较强的技术领先优势，因而也拥有比较强的生命力，进而所打造的创新价值链也呈现出比较明显的高层次、高竞争力状态。因此，中国创新价值链的打造从根本、长期的意义上看，必须基于原始型技术创新，而非模仿型技术创新。但这并非表明：中国创新价值链的打造必须借助于原始型技术创新。这是因为：打造创新价值链所需的原始型技术创新是一项集长期性、系统性、复杂性于一体的系统工程，既要花费相当大的人力、财力、物力及时间等成本，而且还要面对创新过程和创新结果的诸多不确定性风险。尤其需注意的是，原始型技术创新需以更为复杂、高级的组织结构、组织系统作为铺垫，中国很难完全借助自身的原始型技术创新来打造创新价值链。在打造创新价值链时，应充分发挥原始型技术创新的外溢效应，促进经过原始型创新所获得的技术的陆续扩散。

(二) 国家创新体系构建：创新驱动的一个主动性策略

创新网络的核心价值在于促进了知识流动。企业之间的知识流动，主要是互补性技术知识资源和市场信息资源，有利于企业加快隐性知识的积累，从而提高新技术研发成功的可能性；企业科研机构（包括高校与研究所）之间的知识流动，主要表现为市场信息从企业流向科研机构，研发成果从科研机构流向企业，有利于科研机构的研发成果更加贴合于市场，也便于企业在生产和完善中消化吸收；科研机构之间的知识流动，主要通过合作研究、信息交流等形式促进不同研究的结合，促进科研成果的形成。虽然创新资源、创新机制、创新制度等基本要素在创新网络的形成过程中会在一定程度上对知识流动的效率和技术能力的积累产生制约作用，但企业、科研机构等创新主体的创新活动可以提供实现这种超越的内生力量。以企业为主体的技术创新不断提高国家的技术能力积累；以科研机构为主体的知识创新不断丰富基础知识与人力资本的储备；以中介机构为主体的服务创新不断提高知识—技术—产品的专业化与市场化的实现。在创新驱动的国家战略中，政府的重要作用在于通过其制度安排推动创新网络的形成，为发展国家经济并提高国家的竞争力构建国家创新体系，使企业、科研机构等创新主体之间加强交流与合作，从而促进技术知识在各主体间的流转及应用。

从经济发展的中长期角度看，国家是经济增长的关键，政府代表国家进行的制度安排对本国技术经济范式的形成至关重要。中国作为发展中的大国，在构建适合新的技术经济范式的国家创新体系的过程中，政府应负责为创新主体的创新活动提供制度支撑，从宏观层面进行结构调控，促进创新主体创新活力的增加以及创新活动在不同创新主体间的良性互促，以发展国家范围内创新系统的整体功能。在国家创新体系的制度安排下，企业、科研机构、中介机构发挥着各自的创新职能：企业既是创新投入的主体，也是技术开发以及产出利益分配的主体，更是技术能力积累的主体；科研机构主要进行基础性知识研究和创新，其科研产出为企业创新提供持续的知识源泉，同时也为技术知识向现实生产力的转化输送人才。此外，在现代市场体系中，专业化的中介机构可以利用知识、技术、信息、资金等为企业和科研机构等创新主体提供各种专业化、社会化的服务，发挥技术知识供求传递的纽带作用，进一步促进创新网络的形成与有效运行。

基于技术经济范式的演化，创新驱动发展战略意味着国家发展战略从以传统的"后发优势"为主导的经济发展思维向"先发优势"的培育的思路转型，国家创新体系构建正是在制度层面为技术能力的积累机制和创新组织的形成机制提供保障。在中国融入全球化发展浪潮的过程中，要想使创新成为国家进步的动力源，国家创新体系构建既要与当前国情相匹配，又要与新的技术经济范式相适应，这也是一个重大的挑战。

第三章 模型构建及研究方法介绍

为能有效对我国高新技术产业创新效率进行评价，前期理论基础准备必不可少。因此，本章将详细阐述理论界普遍使用的创新价值链视角下的一次投入、二次产出模型，并以此为基础结合高新技术产业发展阶段的实际情况，提出三次投入、三次产出模型。同时，在总结前人研究的基础上，选用了创新价值链模型各个阶段的投入产出指标。

第一节 创新价值链理论模型构建

针对创新的投入产出分析，国内外学者已做过大量前期研究。早期研究多将创新过程简化为一次投入产出活动，其中投入指标为多层面的创新资源投入，如科研人员数量、研发资金等；而产出指标则分为科技型成果产出和价值型成果产出两大类，前者诸如专利申请数量，后者则包括产值、利润等。[1] 这种分析方式能够最大限度简化创新的投入产出过程，对创新效率等方面的评价具有一定的指导意义和研究价值。但是，过于粗糙的分析过程使创新过程中的重要步骤和细

---

[1] 冯冰：《基于创新价值链视角下的高技术产业技术创新效率的影响研究》，博士学位论文，中国科学技术大学，2017年。

节被忽略，因而导致效率评价的针对性有限。基于此，不少学者在这一研究基础上进一步细化，从价值链角度出发，构建了创新价值链的研究范式。

一 一次投入、二次产出模型

创新价值链最早由莫藤·汉森（Morten T. Hansen）和胡利安·伯金肖（Julian Birkinshaw）于2007年提出，其由创新理论和价值链理论结合而成，被定义为创新三个阶段的连续过程：创意的产生、创意的转化和创意的扩散。其后，部分学者将这一概念与创新的投入产出分析相结合，对创新的投入产出过程进行有效分解，最终形成了一次投入、二次产出的研究模式。

这种双环节创新价值链模型把科技成果产出视为创新成果实现过程的中间产物，整个创新过程被分解为两大环节，即创新资源投入科技型成果产出的转换过程和科技型成果产出到价值型成果产出的转化过程，如图3-1所示。

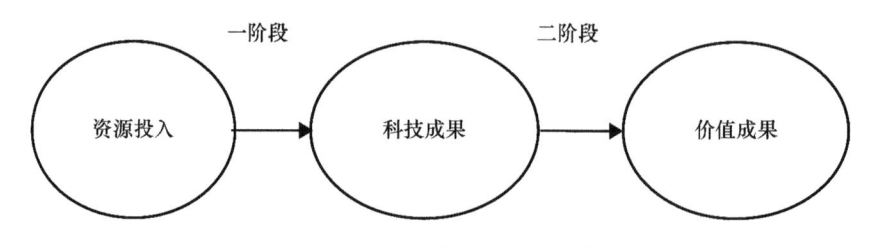

图3-1 双环节创新价值链理论模型

现阶段研究多集中于这一研究模式，例如：付强、马玉成基于双环节创新价值链模型，将一阶段和二阶段定义为创新转换和创新转化两个环节，分别测算了创新转换效率和创新转化效率，并对我国高新技术产业五大行业1998—2008年相关指标数据，利用静态比较和差异变化分析，得到相关研究结果。① 技术创新转换效率和转化效率变异系数分析结果显示，我国高新技术产业行业间技术创新转化效率差异程度波动比转换效率更大，总体呈下降趋势。根据对创新转换效率指数与转化效率指数的比较分析，高新技术产业五大行业的创新转换效率在前期差别较大，后期向平均水平靠拢，行业间创新转换效率差距逐渐缩小，但我国高新技术产业创新转化效率在前期差距较为明显，2004年前后稍有回升，之后持续下降。钱丽等同样从投入产出两阶段的价值链视角出发，探索了安徽省高新技术产业创新效率问题，研究中对安徽、北京、上海、天津、浙江、江苏、广东7省市在2005—2009年的高新技术产业整体创新效率和两阶段创新效率进行比较，并对安徽省内五大高新技术行业之间的创新效率差异展开探讨。② 结果表明，安徽省创新第二阶段，即科技成果转化阶段效率偏低，说明安徽省高新技术产业在科技成果商业化阶段有待进一步加强。从上述研究中能够明显发现，一次投入产出研究模式和一次投入、二次产出研究模型在研究结论上有一定的差异性，且相较于一次投入产出模型，一次投入、二次产出模型在探究创新效率的问题上具有更强的针对性和精确性。

随着我国综合国力的不断提高和科学技术的不断进步，国家与人民越来越意识到科技的重要性，无论是产业政策导向还是投资趋势无不向高新技术领域倾斜。而高新技术产业依赖于技术等因素的创新性，因此对高新技术产业的创新效率研究是值得继续挖掘的热点，尤

---

① 付强、马玉成：《基于价值链模型的我国高技术产业技术创新双环节效率研究》，《科学学与科学技术管理》2011年第8期。

② 钱丽、陈忠卫、肖仁桥：《安徽省高技术产业创新效率研究——基于两阶段价值链视角》，《技术经济》2012年第8期。

其是高新技术产业已经成为我国经济发展的支柱，迅速提升技术水平与创新能力是当务之急。然而，与一般产业发展不同，高新技术产业从资本投入到规模产出的过程往往遵循这样一个规律，即科技型产出，如专利、科技论文等在创新投入后大幅度增加；但从科技型产出到价值型产出的过程往往较为漫长，转化效率有待考察，且即便形成产业化生产，其与社会化商品的普及程度仍有较大差距。因此，现阶段较为普遍的一次投入、二次产出研究模型在高新技术产业的创新效率研究上过于笼统，双环节中的第二环节有必要细分为生产环节和流通环节，进一步增强对高新技术产业创新效率研究的针对性。此外，在实际情况下的高新技术产业创新投入并非是一次性的，而是多次性的，在每一新环节中都需要人力、财力、物力等资本的补充投入，所以一次投入假设与实际出入较大。基于以上原因，本书结合高新技术产业创新发展的实际情况提出了专门针对高新技术产业创新过程的三次投入、三次产出的细化研究理论模型。

二 三次投入、三次产出模型

本书在创新价值链这一个较新的研究视角下，结合前面提出的分析思路，将创新过程进一步细化。首先，创新的投入并非是一蹴而就的，而是具有多次多阶段性。在每一阶段内，不同投入又会带来不同的产出水平，从而体现出不同的创新能力。在多阶段多环节的协同作用下最终实现创新价值，为产业带来整体的优势提升。具体来说，创新投入的第一次直接产出即为科技产出，通常以专利水平、科技论文数量等指标来代表。其后，科技成果向有形产品的转化过程中需要二次投入。在这一阶段，能够体现转化能力的是生产规模与生产制造能力，因此以总产值等指标为代表。然而，生产规模与生产制造能力并不代表产业的核心竞争力，生产出产品也并不代表创新价值得以实现，需要进一步将产品推向市场，实现资金回流，并获得较高水平的利润，进而再次强化创新投入，实现技术水平的提升与产业的可持续发展。至此，三次投入、三次产出的理论模型得以构建。

确切来说，本书所构建的模型，其创新价值实现的过程主要分为科技成果产出、科技成果商品化、科技成果社会化三个阶段。创新的第一步是对创新模式进行设计、筛选，然后进入研发创造阶段，将创新资源投入转变为科技成果，即科技成果产出阶段；第二步是将科技成果（如：专利、新产品）作为资源再次投入生产，形成大额新商品数量，即科技成果商品化阶段，此阶段也可以对科技成果转化能力进行衡量；接下来将新商品引入市场实现流通，即科技成果社会化，此阶段是对科技成果商品化产出进行追加投入后，实现创新价值。具体情况如下。

第一，创新主体对技术、生产条件、商业状况等各方面进行综合考虑，对创新的构思实施评价，综合现有科学知识和技术条件，构建实施创新的设计原型。确定构思，设计成新产品和申请专利，将创意转化为科技成果，即创新活动的第一环节——科技成果产出环节。

第二，第一阶段的科技成果——专利或新产品作为第二阶段投入资本，加入经费支持等新元素，实行商业化规模，进行原型开发、制定技术规范路线并开展大规模生产，力求把科技成果转变为商品，即创新的第二个环节——科技成果商品化环节。

第三，生产的新产品可以用于市场检测，若适合消费者需求，则可以实施大规模生产和流通（即销售）。新产品能短时间迎合消费者，必定有创新之处，如新的外观设计、新的用途、新的功能等，此时创新成果得到扩散，产生显著的社会效用，即创新活动的第三个环节——科技成果社会化环节。

创新是科技成果产出、科技成果商品化和科技成果社会化的综合体,对其进行创新效率评价时,需要综合考虑创新活动的各环节,测评各个阶段的影响因素。本书利用创新价值链这个新颖且有力的分析工具深入研究创新效率,构建了创新价值链理论模型,如图3-2所示。

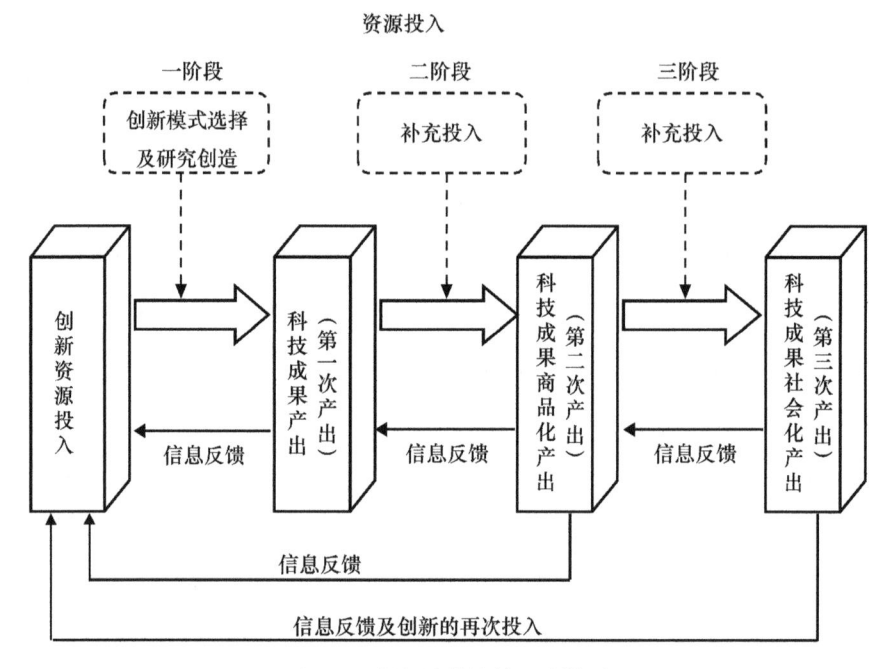

图 3-2 创新价值链的理论模型

注：①创新资源投入代表资金、设备、人才等的投入。②科技成果产出表示创新的第一次产出,即专利、新产品数量等。③科技成果商品化产出表示创新的第二次产出,即将授权的专利生产为新产品的产值、产业产值等。④科技成果社会化产出表示创新的第三次产出,即新产品销售收入、利润等。

第二节 研究方法

本书在现有研究基础上,结合技术创新的实际特点,以构建创新价值链理论模型为核心框架，综合采用数据包络分析、皮尔森相关系数分析和多元线性回归分析等方法，全面展开对我国高新技术产业创新效率及创新效率影响因素的实证分析，以探究我国高新技术产业创新效率状况。

一 DEA 分析法

DEA 于 20 世纪 50 年代由 Farrell 第一次提出并应用于简单的效率测算，该方法主要通过保持 DMU 决策单元的输入或输出不变，借助数学规划和统计数据确定相对有效的生产前沿面，将各个决策单元投影到 DEA 生产前沿面，并通过比较决策单元偏离 DEA 前沿面的程度来评价其有效性。

CCR 模型和 BCC 模型是效率评价研究中广泛应用的两种模型。CCR 模型是 DEA 模型中最基本、最重要的技术，应用于前沿面估算的非参数数学规划。随后大量学者考虑到其他研究假设，对 DEA 方法展开深入探讨，在 CCR 模型中添加 $\sum_{j=1}^{n} \lambda j = 1$ 假设条件，提出规模报酬可变模式下的数据包络分析，即 BCC 模型。

设有 n 个决策单元 DMU，分别是 DMU_1，DMU_2，DMU_3，…，DMU_n，每个决策单元 DMU 有 m 种输入和 s 种输出，X_{ij}（$X_{ij}>0$，$i=1,2,3,…,m$）表示第 j 个决策单元的第 i 种输入投入量，Y_{rj}（$Y_{rj}>0$，$r=1,2,3,…,s$）表示第 j 个决策单元的第 r 种输出产出量，因此，第 j 个决策单元的投入变量可表示为 $X_j = (X_{1j}, X_{2j}, …, X_{mj})T$。

产出变量可表示为 $Y_j = (Y_{1j}, Y_{2j}, …, Y_{sj})T$，$j=1,2,…,n$。

CCR 模型和 BBC 模型分别如下：

CCR 模型表达式为：

$$\min\theta = [\theta - \varepsilon(e^T s^- + e^T s^+)]$$

$$S.t. \sum_{j=1}^{n} x_j \lambda_j + s^- = \theta x_0 \quad (3-1)$$

$$\sum_{j=1}^{n} y_i \lambda_j - s^+ = y_0$$

在 CCR 模型中加入 $\sum_{j=1}^{n} \lambda_j = 1$ 的假设，得到 BCC 模型：

$$\min\theta = [\theta - \varepsilon(e^T s^- + e^T s^+)]$$

$$S.t. \sum_{j=1}^{n} x_j \lambda_j + s^- = \theta x_0 \quad (3-2)$$

$$\sum_{j=1}^{n} y_i \lambda_j - s^+ = y_0$$

$$\sum_{j=1}^{n} \lambda_j = 1$$

其中 $\lambda \geq 0$，$j=1, 2, …, n$，$S^+ = 0$，$S^- = 0$，θ 为效率有效值，ε 为阿基米德数，S^+ 为投入松弛变量，S^- 为产出松弛变量。

二 皮尔森相关系数分析法

皮尔森相关系数分析是常用的研究两个变量相关性的分析方法，其研究主要是用相关系数值来衡量反应变量之间的密切程度。自然界和人类社会存在无数事物和现象，彼此并不全是独立存在的，而是以相互依赖、相互关联、相互制约的关系存在和发展的。这种客观现象之间的关联和联系，在统计学中可以用一定的数量关系表示出来，皮尔森相关系数分析法就是其中的一种。皮尔森相关系数分析法又叫作积差法，因英国著名统计学家卡尔·皮尔森为正确测算两个变量之间的相关程度而被广泛使用，因此用他的名字命名该种统计方法。相关系数值的范围在-1 到 1 之间，测算值为 1 表示两个变量完全正相关，-1 表示两个变量完全负相关，0 表示两个变量不相关。根据测算值大小是否趋近于 0 可以判断其相关性的强弱程度，相关值越趋近于 0 则相关性越弱，越趋近于 -1 表明负相关性越强，越趋近于 1 表明正相关性越强。

计算公式为 $r_{XY}=s_{XY}/(s_X s_Y)$，其中 r_{XY} 表示样本相关系数，s_{XY} 表示样本的协方差，s_X 表示样本 X 的标准差，s_Y 表示样本 Y 的标准差，整理可得皮尔森相关系数 r 的计算公式：

$$r = \frac{N\sum X_i Y_i - \sum X_i \sum Y_i}{\sqrt{N\sum X_i^2 - (\sum X_i)^2}} \times \frac{1}{\sqrt{N\sum Y_i - (\sum Y_i)^2}} \quad (3-3)$$

皮尔森相关系数用软件 STATA 14.0 测算即可得到相关数据结果，通常情况下用相关系数取值范围判断变量相关强度：

相关系数值介于 0.5 和 1 之间，说明两个变量强相关，用"＊＊＊"表示。

相关系数值介于 0.1 和 0.3 之间，说明两个变量中度相关，用"＊＊"表示。

相关系数值介于 0.0 和 0.1 之间，说明两个变量弱相关，用"＊"表示。

三 多元线性回归分析法

回归分析是经济管理研究领域普遍采用的一种定量分析方法，主要是依据样本数据建立两个或多个变量间的因果函数关系，来实现对研究变量间关系路径的定量分析。通常根据回归方法的不同，可以将回归分析划分为线性回归、曲线回归两种。多元线性回归分析是回归分析中的一种，主要用来处理多个自变量同因变量间的定量关系，可以用以下数学模型表示。

随机表达式：$Y_i = \alpha + \beta_1 X_{1i} + \beta_2 X_{2i} + \ldots + \beta_k X_{ki} + \mu_i$ （$i = 1$，

2, …, n)

非随机表达式：$E(Y/X_{1i}, X_{2i}, …, X_{ki}) = \alpha + \beta_1 X_{1i} + \beta_2 X_{2i} + … + \beta_k X_{ki}$

其中，X 为自变量或称解释变量，Y 为因变量或称被解释变量，k 为解释变量的数目，α 为常数项，β_i（i=1，2，…，n）为回归系数。

在进行多元线性回归分析时，自变量 X 是对因变量 Y 产生影响的因素，可以由研究者根据研究情境进行控制；而因变量 Y 是因自变量 X 的变化而变动的因素，是随机变量。确定了自变量 X 和因变量 Y 后，可以建立各变量间的数学回归模型，以此来确定自变量和因变量之间的定量函数关系。依照此函数关系，通过 SPSS 软件对样本数据进行多元线性回归分析，就可以实现回归模型求解，确定自变量对因变量的影响关系，实现关系路径分析。在本书中，也将借用多元线性回归分析方法，探讨我国高新技术产业创新价值链各个环节内创新效率与其影响因素间的线性关系。

第三节　投入产出指标选择

一　前人研究中创新投入产出指标

投入产出指标是创新效率测算的来源依据，由于前人研究多采用一次投入、二次产出的研究模型，其投入指标多从人力、财力、物力三方面着手，而两次产出分别为科技成果产出和价值产出，前者多与科技含量相关的专利数量等指标挂钩，而后者则多与价值、利润等指标挂钩。参考 2007—2017 年已有相关文献 30 篇（见第一章文献综述部分），对其进行归纳总结，选取了使用频度最高的 42 个常用指标，具体情况见表 3-1。

表 3-1　　　　　　　　前人研究投入产出指标

投入指标	人力资源投入（10个）	科技活动人员数量、科研人员数量、科研人员强度、科研人员全时当量、科技机构活动人员、技术专职人员比例、技术开发人员总数、企业家数量、科学家工程师全时当量、有研发活动企业数量等
	财力资源投入（13个）	科研经费总数、科研经费强度、科技经费内部支出（平均）、技术升级支出、技术引进消化吸收、购买国内技术支出、引进国外技术支出、技术开发经费支出占新产品销售收入比例、企业科研经费外部投入、科技机构人均科研经费、企业科技开发资本存量、人均新产品开发经费支出、科技经费筹集总额等
	设备资源投入（2个）	科研设备原值、科研设备新旧程度系数等
产出指标	科技成果产出（7个）	专利申请数量、专利授权数量、拥有发明专利数量、专利转让收入、高水平科技论文引用次数、新产品项目数、三方专利数量等
	价值产出（10个）	新产品销售收入、新产品出口额、新产品销售收入比例、新产品销售比例、新产品销售利润总额、工作人员劳动生产率、新产品工业生产总值、高新技术产业工业增加值、高新技术产业比例、高新技术产业产品出口额等

二 创新价值链视角下创新投入产出指标

高度代表性、综合性以及指标间满足相对独立性等是评价技术创新指标体系的基本原则。本书根据前人研究，依旧从人力、物力和财力三个维度选取6个创新资源投入指标，从科技成果、商品化和社会化三个维度选取7个创新成果产出指标，其具体构成如图3-3所示。

本书主要选取了以上13项有针对性的指标。首先，创新属于人为活动，一项产业技术的创新效率与当地的人力资源有着密切的关系。《中国高新技术产业统计年鉴》（本段以下简称《年鉴》）中记载，科研人员全时当量是科研人员（全年从事科研活动累计工作时间占全部工作时间的百分之九十以上人员）工作量与非全时科研人员按实际

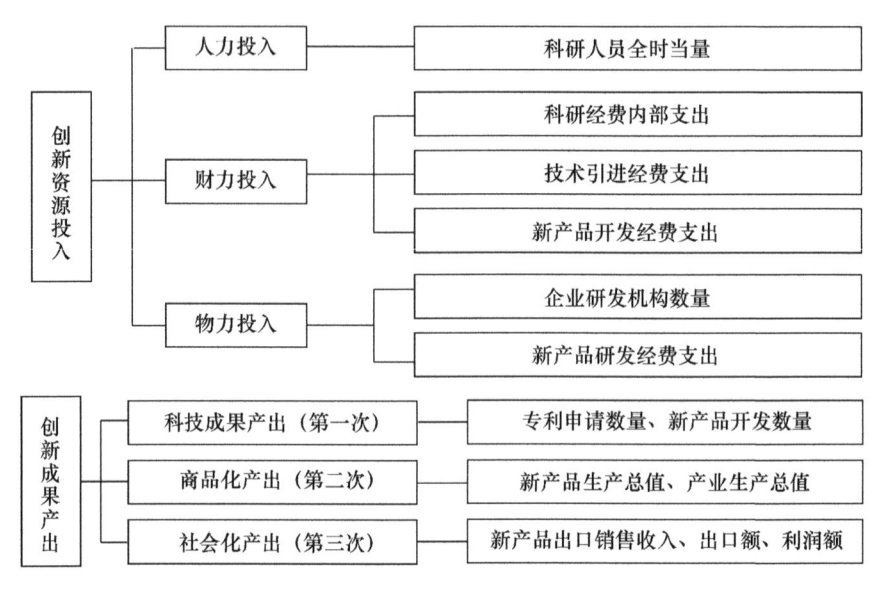

```
                          ┌── 人力投入 ──── 科研人员全时当量
                          │
           创新            │                ┌── 科研经费内部支出
           资源 ───────────┼── 财力投入 ────┼── 技术引进经费支出
           投入            │                └── 新产品开发经费支出
                          │
                          └── 物力投入 ────┬── 企业研发机构数量
                                          └── 新产品研发经费支出

           创新            ┌── 科技成果产出（第一次）── 专利申请数量、新产品开发数量
           成果 ───────────┼── 商品化产出（第二次）──── 新产品生产总值、产业生产总值
           产出            └── 社会化产出（第三次）──── 新产品出口销售收入、出口额、利润额
```

图 3-3　技术创新投入和产出的指标选择构成

工作时间折算的工作量之和，是国际通用的、常作为比较科研人员投入量的指标，此项指标用于研究创新效率初始阶段的人力投入更具科学性，故将科研人员全时当量作为投入的人力资源指标；创新活动的开展除了依靠人力资源，经费是必不可少的动力，据《年鉴》记载，科研经费内部支出是被调查单位在报告年度用于单位内部开展科研活动的实际支出，包括科研项目直接支出、科研项目管理费、服务费及与科研活动有关的设备和基础设施建设支出，本书采用科研经费内部支出作为创新研发阶段的财力投入；资金是创新的保障，物质是研发的基础，物质主要体现为科技机构和科研设备的建立与购买，因此本书选择科研机构数量和科研设备原值作为创新研发阶段有关设备基础和基础设施建设的物力投入；有价值的科研除了申请专利，还要实现商业应用，专利既能衡量一个产业或国家的创新能力，也能考察产业的创新产出成果质量和已有技术积累，因此在创新的第一次产出中选

择专利申请数量作为产出指标；由于我国现阶段的高新技术企业并未形成独立自主创新，主要依赖模仿创新发展，实行引进消化吸收后再创新，因此把技术引进经费支出作为第二阶段的投入指标；创新的目的是生产新产品，《年鉴》中对新产品的释义为采用新技术原理、新设计构思研发生产全新产品，在外形、工艺、材质、结构、功能等方面比原有产品有明显改进，具有显著提升产品性能和扩大使用范围的功效，本书选择与新产品有关的指标衡量创新效率，包含新产品研发经费支出、新产品开发数量、新产品生产总值、新产品出口销售收入；新产品进入销售阶段，即商品流通阶段，实现价值化，用出口额、利润额反映新技术扩散与转移。这也是本书的指标选取较以往研究的创新突破之处。

根据创新价值链理论模型这一中心思想，各环节的创新投入产出指标选择具体情况如图 3-4 所示。

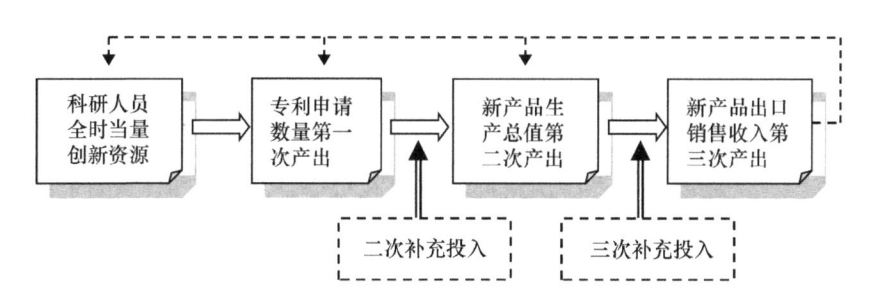

图 3-4 创新价值链各阶段投入产出结构

第四节 数据来源与处理

为提高本书的科学性与准确度，本书采用的数据为近五年相关数据均值，数据来源于《中国高技术产业统计年鉴》（2017—2022 年）、《中国工业统计年鉴》（2017—2022 年）、《中国统计年鉴》（2017—

2022年)、《中国科技统计年鉴》(2017—2022年)以及各地方(省)的统计年鉴和商务部、国家统计局、科技部等相关官方网站发布的权威数据。

本章小结

本章对创新价值链理论下的一次投入、二次产出模型进行了详细的阐述和介绍,其性状是创新活动参与者整合创新要素,协调内外部的各项影响因素,通过科技成果产出和价值成果产出而形成的链式结构。尔后,在这一模型基础上构建三次投入、三次产出模型,具体而言,其为一次基础投入、二次补充投入,并通过科技成果产出、科技成果商品化产出、科技成果社会化产出三次产出最终实现创新价值而形成的新型链式结构。这一创新模型的提出为后文高新技术产业创新效率的阶段性评价奠定了理论基础。

此外,本章还总结了前人在进行高新技术产业效率评价时所普遍使用的投入产出指标,其中投入指标主要从人力资产、物力资产、财力资产三个维度展开,产出指标多从科技成果产出和价值产出两个维度展开。在此基础上,本节依托三次投入、三次产出模型,选取各环节的投入产出指标,进一步为高新技术产业创新效率实证研究分析奠定基础。

第四章 中国高新技术产业创新效率实证研究

在分析创新价值链与技术创新相关理论之后,本章与下一章将分别对高新技术产业的创新效率和影响创新效率的各个因素展开深入研究。本章研究将建立在第三章构建的三次投入、三次产出的创新价值链理论新模型基础之上,从产业行业和地理区域双重视角测算我国高新技术产业的创新效率值,运用创新各个环节投入产出指标数据(权威机构发布)进行实证测度与分析,反映出我国高新技术产业在创新各个环节的创新效率,从行业和区域的角度全面研究我国高新技术产业的创新效率问题。

第一节 中国高新技术产业创新效率现状分析

截至2021年,我国高新技术产业主营业务收入达18万亿元,接近我国国内生产总值的20%,足以说明高新技术产业是拉动我国经济增长、促进经济结构调整的主要动力。在高新技术产业不断发展的过程中,高新技术产业的创新效率也逐渐进入政府视野。在关注效率的同时,国家也开始增加对高新技术产业的投入。2016年以来,我国政府对高新技术产业的投入不断增加,科研经费在2016—2021年,由362.5亿元上升到6507.7亿元,增加近20倍,其年均增长率高达

32.48%。此外，科研人员全时当量增长也十分迅速，在2015—2022年，从72.7万人/年增长到125.4万人/年，增加近2倍，年均增长率为16.54%。然而，从创新效率视角出发，我国高新技术产业的效率依然较低，且区域差距大。

根据创新效率现状分析，现阶段国内仍旧存在较低的高新技术产业水平。主要原因有以下三个。一是很多高新技术科技成果依旧在院所阶段停留，市场转化成果并不多。2020年，我国科学技术部门所公布的科技实力研究报告显示，虽然在全球范围内，我国高新技术产业水平比较高，然而，通过分析《2021年我国高新技术产业统计表》发现，2020年国内高新技术产业增加值率比西方国家低8个百分点。二是国内高新技术产业园区盲目建设，导致资源与土地浪费。我国地域辽阔，所以不同地区的政策、地理环境及产业发展水平等存在明显差异，国内各个行业与地区高新技术产业具有较大投入差别。截至2015年，国内有136836个科研机构，仅北京、上海、广东等发达地区就有88945个科研机构，其所占比例达到全国比例的65%。三是我国工业总产值中，高新技术产业产值所占比重逐年攀升，然而具体数值却在50%以下徘徊，比传统产业工业总产值低。由此可见，国内高新技术产业依旧处于较低的产出水平，尽管国内科研机构比较多，但分布缺乏均衡，导致科技成果转化率偏低，因此下文的创新效率分析有利于政府认清创新发展的不足，并据此制定清晰合理的规划，对实现我国高新技术产业创新效率整体提升具有重要指导意义。

第二节　行业视角下创新价值链各环节的创新效率分析

创新价值链由科技成果产出、科技成果商品化产出、科技成果社会化产出三个环节组成,本章的实证研究是在行业和区域两个视角下对每个环节的投入、产出指标进行详细分析,找到行业和区域的差异及变动趋势。

DEA 数据包络分析主要用于投入产出效率分析,但是这种方法一般只能针对相同性质的不同决策单元(DMU),从行业的维度分析我国高新技术产业的创新效率。根据第二章中的高新技术产业分类,DMU 取值范围即为五个高新技术行业,分别为医药制造业、航空航天器制造业、电子及通信设备制造业、电子计算机及办公设备制造业、医疗仪器设备及仪器仪表制造业,分别用 DMU_1、DMU_2、DMU_3、DMU_4 和 DMU_5 来表示,详细内容见表 4-1。

表 4-1　　　　　　我国高新技术产业行业代号对照情况

行业名称	代号
医药制造业	DMU_1
航空航天器制造业	DUM_2
电子及通信设备制造业	DMU_3
电子计算机及办公设备制造业	DMU_4
医疗仪器设备及仪器仪表制造业	DMU_5

一　行业视角下的科技成果产出环节效率分析

根据第三章中的创新价值链理论模型构建,科技成果产量可以衡量创新主体科技创新能力水平,也可以验证创新资源投入后的科技成果产出效果,原始投入产出指标数据见表 4-2。由于数据量较大,本章后部分的原始数据表格详见附录。

表 4-2　我国高新技术产业科技成果产出环节原始数据（2017—2022 年均值）

行业	研发人员全时当量（人年）	研发经费内部支出（万元）	企业研发机构数量（个）	企业研发设备原值（万元）	专利申请数量（件）	新产品开发数量（项）
DMU₁	128589	4414576	2781	1203100	16020	22106
DUM₂	45832	1805926	194	877600	6279	1980
DMU₃	402513	15454606	5351	4264300	97956	33649
DMU₄	57035	1738188	565	2075300	12159	4057
DMU₅	83521	2399987	2164	289500	24260	14430

资料来源：根据《中国高技术产业统计年鉴》（2017—2022 年）、《中国工业统计年鉴》（2017—2022 年）、《中国统计年鉴》（2017—2022 年）、《中国科技统计年鉴》（2017—2022 年）以及各地方（省）的统计年鉴整理数据所得，后部分相关数据来源相同。

运用 DEAP 2.1 软件，选择规模可变 VRS 模型，计算得出我国高新技术产业各行业在科技成果产出环节的综合技术效率、纯技术效率、规模效率及规模报酬变化情况，见表 4-3。

表 4-3　各行业科技成果产出环节效率情况

行业	综合技术效率	纯技术效率	规模效率	规模报酬变化
DMU₁	0.443	1.000	0.443	减少
DUM₂	0.248	0.417	0.595	减少
DMU₃	0.437	1.000	0.437	减少
DMU₄	0.101	0.251	0.402	减少
DMU₅	1.000	1.000	1.000	—
均值	0.446	0.734	0.576	

表4-3显示，我国高新技术产业综合技术效率平均值为0.446；纯技术效率平均值为0.734，略高于综合技术效率平均值。规模效率平均值为0.576。五个决策单元中，只有DMU_5的综合技术效率值为1.000，说明只有医疗仪器设备及仪器仪表制造业这一个行业达到了DEA有效，而其余四个决策单元的综合技术效率值都在0.500以下，表明医药制造业、航空航天器制造业、电子及通信设备制造业、电子计算机及办公设备制造业这四个行业都未达到DEA有效。为了更深入地研究综合技术效率，故将其分解为两部分，即纯技术效率和规模效率（综合技术效率=纯技术效率*规模效率）。我国高新技术产业中，纯技术效率为1.000的行业有三个，分别是DUM_1、DMU_3、DMU_5。规模报酬变化结果显示，有四个行业表现为递减，只有一个行业表现为规模报酬不变，说明我国高新技术产业投入不合理，存在资源浪费的现象，多数行业资源没有得到合理有效利用，需要考虑适当调整规模，实现规模经济。

根据DEAP 2.1软件测算结果，得出每个投入产出指标的目标值，即与实际投入产出值相比较的差距，可以识别不同行业或区域在投入方面的冗余或产出不足的现象，为相关部门制定或调整政策提供决策参考。表4-4以DMU_1（医药制造业）为例，显示在创新过程中科技成果产出环节的原始投入产出数据及松弛量和目标值。

表4-4　　　　医药制造业投入产出松弛量及目标值情况

变量	原始值	径向量	松弛量	目标值
投入1	128589	0	0.000	128589.000
投入2	4414576	0	0.000	4414576.000

续表

变量	原始值	径向量	松弛量	目标值
投入3	2781	0	0.000	2781.000
投入4	1203100	0	0.000	1203100.000
产出1	16020	0	0.000	16020.654
产出2	22106	0	4960.691	27066.691

表4-4显示，投入1、投入2、投入3、投入4四个变量没有出现冗余，说明医药制造业在创新第一阶段投入基本合理；而产出变量2，即新产品开发数量达到DEA有效的目标值为27066.691，而实际产出值只有22106，说明医药制造业的新产品开发数量存在亏空，开发数量不够，亏空数量为4960.691，需要适当调整相关投入，提高新产品开发数量。

由于类似表4-4的投入产出目标值可在各阶段投入产出指标的松弛数量情况表中体现，因此后文不再赘述各行业和各区域的投入产出目标值，相关数据分析结果均直接在各阶段产出环节的投入产出指标松弛数量情况表显示。

我国高新技术产业五大行业科技成果产出环节产出指标的松弛数量见表4-5。

表4-5　　　　各行业科技成果产出环节产出指标松弛情况

行业	专利申请数量的松弛数量	新产品开发数量的松弛数量
DMU_1	0.000	4960.691
DUM_2	0.000	659.120
DMU_3	548.120	0.000

续表

行业	专利申请数量的松弛数量	新产品开发数量的松弛数量
DMU₄	0.000	0.000
DMU₅	0.000	0.000
均值	109.624	1123.960

表4-5显示，我国高新技术产业从整体上而言，专利申请数量的平均松弛数量为109.624，新产品开发数量的松弛数量为1123.960，其中DMU₃这个行业的专利出现亏空现象，DMU₁和DMU₂在新产品开发项目数量上存在亏空，说明在专利申请数量方面，只有电子及通信设备制造业稍有欠缺，其余各行业都达到DEA有效；而医药制造业与航空航天器制造业在新产品开发数量上还有待改进，其余三个行业均达到DEA有效，不存在松弛数量。经过计算，同理可得高新技术产业各行业创新过程中科技成果产出的投入指标松弛数量，见表4-6，数据处理与产出指标相同。

表4-6　　　　各行业科技成果产出的投入指标松弛情况

行业	研发人员全时当量的松弛数量	研发经费内部支出的松弛数量	企业研发机构数量的松弛数量	企业研发设备原值的松弛数量
DMU₁	0.000	0.000	0.000	0.000
DUM₂	20790.154	0.000	2170.231	0.000
DMU₃	0.000	0.000	0.000	0.000
DMU₄	0.000	1352103.647	1348.756	0.000
DMU₅	0.000	0.000	0.000	0.000
均值	4158.031	270420.725	703.798	0.000

表4-6显示,我国高新技术产业各行业创新的科技成果产出的四项投入指标除企业研发设备原值指标,其余三项都存在不同程度的冗余,其中企业研发机构数量松弛较为明显,而企业研发设备原值不存在松弛,表明企业在研发设备的投入方面较为合理,科研机构数量有待增加。

二 行业视角下的科技成果商品化环节效率分析

根据创新价值链理论模型构建,科技成果的商品化环节是将科技成果产出作为第二阶段的投入,然后实行进一步转化,形成商品化产出,用新产品生产总值和产业生产总值两项指标表示。结合第三章的指标选择与数据整理,经过 DEAP 2.1 软件计算,整理得出创新过程中科技成果商品化环节的各项效率测算情况,见表4-7。

表4-7　　　　　各行业科技成果商品化环节效率情况

行业	综合技术效率	纯技术效率	规模效率	规模报酬变化
DMU_1	1.000	1.000	1.000	—
DUM_2	0.574	1.000	0.574	增加
DMU_3	0.434	1.000	0.434	减少
DMU_4	1.000	1.000	1.000	—
DMU_5	0.320	0.403	0.794	减少
均值	0.666	0.881	0.760	—

表4-7显示,我国五大高新技术产业行业综合技术效率平均值为0.666,纯技术效率平均值为0.881,规模效率平均值为0.760,略低于纯技术效率平均值。其中综合技术效率达到 DEA 有效的只有 DMU_1 和 DMU_4,即医药制造业和电子计算机及办公设备制造业,而纯技术

效率中，除 DMU₅ 未达到 DEA 有效，其余各行业均达到 DEA 有效，说明科技成果商品化产出阶段的投入产出较第一阶段稍有改善。商品化产出环节的产出、投入指标的松弛数量情况见表 4-8 及表 4-9。

表 4-8　　各行业科技成果商品化的产出指标松弛情况

行业	新产品生产总值的松弛数量	高新技术产业生产总值的松弛数量
DMU₁	0.000	0.000
DUM₂	54283.140	64521.370
DMU₃	46621.160	87409.420
DMU₄	0.000	0.000
DMU₅	846265.100	472912.820
均值	189433.880	124968.716

表 4-8 显示，我国高新技术产业整体行业新产品生产总值的松弛数量平均值为 189433.880，高新技术产业生产总值的松弛数量平均值为 124968.716，其中，DMU₂、DMU₃ 和 DMU₅ 三个行业均有不同程度的松弛，而且两个指标均有亏空现象存在，说明航空航天器制造业、电子及通信设备制造业、医疗仪器设备及仪表制造业这三个行业的投入比重需要调整，再加之产出效率不高，可考虑通过加大经费投入提高产业生产能力。

表 4-9　　各行业科技成果商品化的投入指标松弛情况

行业	专利申请数量的松弛数量	新产品开发数量的松弛数量	新产品开发经费支出的松弛数量	技术引进支出的松弛数量
DMU₁	0.000	0.000	0.000	0.000
DUM₂	0.000	0.000	543.420	0.000

续表

行业	专利申请数量的松弛数量	新产品开发数量的松弛数量	新产品开发经费支出的松弛数量	技术引进支出的松弛数量
DMU$_3$	0.000	4271.200	0.000	0.000
DMU$_4$	0.000	0.000	0.000	0.000
DMU$_5$	8126.240	8722.980	0.000	60757.930
均值	1625.248	2598.836	108.684	12131.586

表4-9显示，DMU$_2$、DMU$_3$、DMU$_4$、DMU$_5$均出现不同程度的松弛，其中投入冗余涉及行业最多的是新产品开发数量，其余三个指标均出现一个行业投入冗余，说明大多数高新技术产业行业在专利申请数量、新产品开发经费支出、技术引进支出三个投入指标上都表现为有效，投入较为合理。

三 行业视角下的科技成果社会化环节效率分析

根据第三章中的创新价值链理论模型构建，科技成果社会化环节是产品流通阶段，即把商品化的产出进行扩散推向市场销售，形成价值类产出，用新产品销售收入、新产品出口额、利润总额三项指标来表示。经过 DEAP 2.1 软件计算，整理得出科技成果社会化环节效率情况，见表4-10。

表4-10　　　　　各行业科技成果社会化环节效率情况

行业	综合技术效率	纯技术效率	规模效率	规模报酬变化
DMU$_1$	0.5340	0.5740	0.9300	增加
DUM$_2$	1.0000	1.0000	1.0000	—

续表

行业	综合技术效率	纯技术效率	规模效率	规模报酬变化
DMU$_3$	1.0000	1.0000	1.0000	—
DMU$_4$	1.0000	1.0000	1.0000	—
DMU$_5$	0.6130	1.0000	0.6130	增加
均值	0.829	0.915	0.909	—

科技成果社会化就是把科技成果转化为价值类产物，社会化产出环节的效率值体现了高新技术企业在战略、营销、管理、发展方面的能力，也可用于衡量企业的中间创新成果与市场的适应程度以及企业的可持续发展空间。表4-10显示，我国高新技术产业的五个行业的社会化产出效率都比较高，行业均值达到0.829，其中DMU$_2$、DMU$_3$、DMU$_4$三个行业的各项效率值都达到1.000，投入产出有效。

我国高新技术产业各行业科技成果社会化环节的投入、产出指标的松弛数量情况见表4-11、表4-12。

表4-11　　各行业科技成果社会化的产出指标松弛情况

行业	新产品销售收入的松弛数量	新产品出口额的松弛数量	利润总额的松弛数量
DMU$_1$	0.000	27493551.000	13940890.320
DUM$_2$	0.000	0.000	0.000
DMU$_3$	0.000	0.000	0.000
DMU$_4$	0.000	0.000	0.000
DMU$_5$	8471.380	0.000	0.000
均值	1629.476	5498710.200	2788178.064

表4-11显示，DMU₁的新产品出口额和利润总额指标出现亏空现象，DMU₅的新产品销售收入指标出现亏空，其余三个行业的各项产出指标都达到有效，说明大多数行业利润较为理想。

表4-12　　各行业科技成果社会化的投入指标松弛情况

行业	新产品生产总值的松弛数量	高新技术产业生产总值的松弛数量	销售费用的松弛数量
DMU_1	0.000	362141.250	36281.120
DUM_2	0.000	0.000	0.000
DMU_3	0.000	0.000	0.000
DMU_4	0.000	0.000	0.000
DMU_5	0.000	0.000	0.000
均值	0.000	72428.250	7256.224

表4-12显示，在科技成果社会化环节，投入指标的新产品生产总值没有出现冗余，没有松弛，说明该指标处于较理想状态；而高新技术产业生产总值和销售费用两项指标在DMU_1行业中出现松弛数量，其余各行业松弛数量为0.000，说明医药制造业在营销上投入过大，盈利水平不高，需要适当降低花费，调整投入产出比。

第三节　区域视角下创新价值链各环节的创新效率分析

我国虽然地大物博，但区域间经济发展水平有明显差异，各个地区高新技术产业经济发展水平与创新能力也有不同程度的偏差，本节将从区域角度分析我国不同省份高新技术产业的创新效率情况，并对数据分析结果进行整理与比较，以求找到不同区域之间的差距，期望为区域产业发展与产业政策制定提供决策参考建议。本节的决策单元确定为我国的 25 个省、自治区、直辖市，由于云南省、青海省、西藏自治区、内蒙古自治区、宁夏回族自治区、新疆维吾尔自治区 6 个省区数据缺失严重，无法准确估算，因此本书去除这 6 个省区的研究。具体代码对应情况见表 4-13。

表 4-13　　我国高新技术产业各区域代号对照情况

代号	省份	代号	省份
DMU_1	北京	DMU_{14}	山东
DMU_2	天津	DMU_{15}	河南
DMU_3	河北	DMU_{16}	湖北
DMU_4	山西	DMU_{17}	湖南
DMU_5	辽宁	DMU_{18}	广东
DMU_6	吉林	DMU_{19}	广西
DMU_7	黑龙江	DMU_{20}	海南
DMU_8	上海	DMU_{21}	重庆
DMU_9	江苏	DMU_{22}	四川
DMU_{10}	浙江	DMU_{23}	贵州
DMU_{11}	安徽	DMU_{24}	陕西
DMU_{12}	福建	DMU_{25}	甘肃
DMU_{13}	江西		

一　区域视角下科技成果产出环节效率分析

为了能深入剖析我国高新技术产业创新效率，本书选择另一个维度——从地理区域的视角分析我国高新技术产业创新效率,其思路与本章第二节"行业视角下创新价值链各环节的创新效率分析"相似。对原始创新投入产出数据进行计算整理比较所得的各区域创新科技成果产出环节的效率情况见表4-14。

表4-14　　　　　　各区域科技成果产出环节效率情况

省份	综合技术效率	纯技术效率	规模效率	规模报酬变化
DMU_1	1.000	1.000	1.000	—
DMU_2	1.000	1.000	1.000	—
DMU_3	1.000	1.000	1.000	—
DMU_4	0.293	0.356	0.822	减少
DMU_5	0.695	0.845	0.822	减少
DMU_6	1.000	1.000	1.000	—
DMU_7	0.621	0.651	0.953	减少
DMU_8	1.000	1.000	1.000	—
DMU_9	1.000	1.000	1.000	—
DMU_{10}	0.788	1.000	0.788	减少
DMU_{11}	0.085	0.158	0.537	减少
DMU_{12}	0.752	0.868	0.867	减少
DMU_{13}	0.390	0.567	0.689	减少
DMU_{14}	0.561	0.743	0.755	减少
DMU_{15}	0.476	0.556	0.857	减少
DMU_{16}	0.604	0.742	0.815	减少
DMU_{17}	0.450	0.641	0.701	减少

续表

省份	综合技术效率	纯技术效率	规模效率	规模报酬变化
DMU_{18}	1.000	1.000	1.000	—
DMU_{19}	0.989	1.000	0.989	减少
DMU_{20}	1.000	1.000	1.000	—
DMU_{21}	0.800	0.819	0.976	减少
DMU_{22}	0.448	0.682	0.656	减少
DMU_{23}	0.460	0.667	0.689	减少
DMU_{24}	0.507	0.598	0.849	减少
DMU_{25}	0.345	0.484	0.712	减少
均值	0.651	0.876	0.859	—

表4-14显示，整体综合技术效率平均值为0.651，其中纯技术效率值为0.876，规模效率值为0.859。综合技术效率值为1.000，即实现DEA有效的有DMU_1、DMU_2、DMU_3、DMU_6、DMU_8、DMU_9、DMU_{18}、DMU_{20}，共八个区域，超过0.800即相对有效的是DMU_{19}。在二十五个区域中，有高达十七个区域的规模报酬呈递减状态，说明我国的高新技术产业在各个地区存在投入规模不合理的现象，导致资源浪费，资源利用率不足。

各区域科技成果产出环节的投入、产出指标见表4-15、表4-16。

表4-15　　　各区域科技成果产出环节产出指标松弛情况

省份	专利申请数量的松弛数量	新产品开发项目数量的松弛数量
DMU_1	0.000	0.000
DMU_2	0.000	0.000

续表

省份	专利申请数量的松弛数量	新产品开发项目数量的松弛数量
DMU$_3$	0.000	0.000
DMU$_4$	0.000	0.000
DMU$_5$	3048.607	0.000
DMU$_6$	0.000	0.000
DMU$_7$	303.327	0.000
DMU$_8$	0.000	0.000
DMU$_9$	0.000	0.000
DMU$_{10}$	0.000	0.000
DMU$_{11}$	0.000	1069.993
DMU$_{12}$	0.000	0.000
DMU$_{13}$	2648.021	0.000
DMU$_{14}$	0.000	0.000
DMU$_{15}$	0.000	0.000
DMU$_{16}$	0.000	0.000
DMU$_{17}$	0.000	0.000
DMU$_{18}$	0.000	0.000
DMU$_{19}$	0.000	0.000
DMU$_{20}$	0.000	0.000
DMU$_{21}$	0.000	0.000
DMU$_{22}$	1819.554	0.000
DMU$_{23}$	0.000	0.000
DMU$_{24}$	1549.506	0.000
DMU$_{25}$	1770.298	0.000
均值	445.573	47.800

表 4-15 显示，两项产出指标的松弛平均值分别为 445.573、47.800，在专利申请数量指标中，有 DMU_5、DMU_7、DMU_{13}、DMU_{22}、DMU_{24}、DMU_{25} 六个区域存在松弛数量，新产品开发项目数量指标只有 DMU_{11} 出现亏空，表明在全国范围内，高新技术产业的专利产出存在不足，而新产品开发项目数量也存在少量亏空，可考虑增加研发经费来提高产出。

表 4-16　　　　各区域科技成果产出的投入指标松弛情况

省份	研发人员全时当量	研发经费内部支出	企业研发机构数量	企业研发设备原值
DMU_1	0.000	0.000	0.000	0.000
DMU_2	0.000	0.000	0.000	0.000
DMU_3	0.000	0.000	0.000	0.000
DMU_4	9299.561	0.000	74.470	2540619.000
DMU_5	17015.780	1021765.000	0.000	20068650.000
DMU_6	0.000	0.000	0.000	0.000
DMU_7	1579.635	0.000	92.465	0.000
DMU_8	0.000	0.000	0.000	0.000
DMU_9	0.000	0.000	0.000	0.000
DMU_{10}	0.000	0.000	0.000	0.000
DMU_{11}	0.000	139583.400	2628.578	0.000
DMU_{12}	0.000	0.000	0.000	0.000
DMU_{13}	0.000	0.000	113.201	0.000
DMU_{14}	0.000	0.000	0.000	6772429.000
DMU_{15}	1759.327	0.000	471.698	41534.300

续表

省份	研发人员全时当量	研发经费内部支出	企业研发机构数量	企业研发设备原值
DMU$_{16}$	24279.990	0.000	0.000	10707104.000
DMU$_{17}$	4801.836	690967.200	0.000	834245.400
DMU$_{18}$	0.000	0.000	0.000	0.000
DMU$_{19}$	0.000	0.000	0.000	0.000
DMU$_{20}$	0.000	0.000	0.000	0.000
DMU$_{21}$	0.000	0.000	0.000	288290.100
DMU$_{22}$	23252.360	1949436.000	0.000	1253487.000
DMU$_{23}$	0.000	0.000	140.633	0.000
DMU$_{24}$	3977.348	0.000	0.000	0.000
DMU$_{25}$	0.000	0.000	0.000	0.000
均值	3409.833	152070.064	140.842	1700254.352

表4-16显示，从全国角度看，高新技术产业科技成果产出环节的四项投入指标均存在不同程度的冗余，其中科研人员全时当量和企业研发设备原值两项指标出现冗余的区域较多，均高达八个，说明人力资源和科研设备投入不合理，应适当调整平衡。在研发经费内部支出指标中，只有五个区域表现为松弛，说明该创新阶段在科研经费上的投入较为合理，没有过多冗余。

二 区域视角下科技成果商品化环节效率分析

我国高新技术产业各区域科技成果商品化环节效率情况如表4-17所示，全国范围内的综合技术效率平均值为0.723，纯技术效率平均值为0.800，综合技术效率达到DEA有效的决策单元有DMU$_2$、

DMU_7、DMU_{11}、DMU_{14}、DMU_{15}、DMU_{17}、DMU_{20}、DMU_{25} 八个区域，超过 0.800 的还有 DMU4、DMU_{10} 两个决策单元，其余各区域均在 0.500 徘徊，较第一个阶段，规模报酬递增频率有所增加，说明高新技术产业的投入规模较第一阶段有所改善，也表明我国高新技术产业的科技成果转化效率稍有提升。

表 4-17　　　　　　各区域科技成果商品化效率情况

省份	综合技术效率	纯技术效率	规模效率	规模报酬变化
DMU_1	0.490	0.490	0.999	—
DMU_2	1.000	1.000	1.000	—
DMU_3	0.356	0.359	0.991	增加
DMU_4	0.857	1.000	0.857	增加
DMU_5	0.618	0.622	0.994	增加
DMU_6	0.688	0.719	0.957	增加
DMU_7	1.000	1.000	1.000	—
DMU_8	0.378	0.438	0.864	减少
DMU_9	0.094	0.732	0.129	减少
DMU_{10}	0.991	1.000	0.991	减少
DMU_{11}	1.000	1.000	1.000	—
DMU_{12}	0.605	0.607	0.997	增加
DMU_{13}	0.512	0.523	0.980	增加
DMU_{14}	1.000	1.000	1.000	—
DMU_{15}	1.000	1.000	1.000	—
DMU_{16}	0.783	0.989	0.792	减少

续表

省份	综合技术效率	纯技术效率	规模效率	规模报酬变化
DMU₁₇	1.000	1.000	1.000	—
DMU₁₈	0.697	1.000	0.697	减少
DMU₁₉	0.680	0.755	0.900	减少
DMU₂₀	1.000	1.000	1.000	—
DMU₂₁	1.000	1.000	1.000	—
DMU₂₂	0.545	0.667	0.816	减少
DMU₂₃	0.615	0.885	0.694	增加
DMU₂₄	0.171	0.202	0.849	增加
DMU₂₅	1.000	1.000	1.000	—
均值	0.723	0.800	0.900	—

我国高新技术产业各区域科技成果商品化产出环节的投入、产出指标的松弛数量情况如表4-18、表4-19所示。

表4-18　　各区域科技成果商品化的产出指标松弛情况

省份	新产品生产总值的松弛数量	高新技术产业生产总值的松弛数量
DMU₁	0.000	60382827.000
DMU₂	0.000	0.000
DMU₃	0.000	35071473.000
DMU₄	0.000	0.000
DMU₅	0.000	71949734.000
DMU₆	0.000	42132847.000

续表

省份	新产品生产总值的松弛数量	高新技术产业生产总值的松弛数量
DMU$_7$	0.000	0.000
DMU$_8$	0.000	0.000
DMU$_9$	24062803.000	0.000
DMU$_{10}$	0.000	0.000
DMU$_{11}$	0.000	0.000
DMU$_{12}$	0.000	68665961.000
DMU$_{13}$	0.000	83226777.000
DMU$_{14}$	0.000	0.000
DMU$_{15}$	0.000	0.000
DMU$_{16}$	17079996.000	0.000
DMU$_{17}$	0.000	0.000
DMU$_{18}$	0.000	0.000
DMU$_{19}$	0.000	1551247.000
DMU$_{20}$	0.000	0.000
DMU$_{21}$	0.000	0.000
DMU$_{22}$	1512763.000	0.000
DMU$_{23}$	0.000	0.000
DMU$_{24}$	0.000	0.000
DMU$_{25}$	0.000	0.000
均值	1706222.480	14519234.640

表4-18显示，新产品生产总值指标有DMU$_9$、DMU$_{16}$、DMU$_{22}$三个区域出现产出亏空现象，高新技术产业生产总值在DMU$_1$、DMU$_3$、

DMU_5、DMU_6、DMU_{12}、DMU_{13}、DMU_{18} 七个区域出现产出亏空,两项指标的亏空平均值分别为 1706222.480、14519234.640,说明此环节新产品生产状况较为理想,由于产业产值亏空较为明显,表明高新技术产品的产出数量有待增加。

表 4-19　　各区域科技成果商品化的投入指标松弛情况

省份	专利申请数量的松弛数量	新产品开发数量的松弛数量	新产品开发经费支出的松弛数量	技术引进支出的松弛数量
DMU_1	0.000	368.402	0.000	0.000
DMU_2	0.000	0.000	0.000	0.000
DMU_3	0.000	2544.697	0.000	464808.700
DMU_4	0.000	0.000	0.000	0.000
DMU_5	0.000	1197.933	0.000	156389.200
DMU_6	2422.978	0.000	446262.900	13116.300
DMU_7	0.000	0.000	0.000	0.000
DMU_8	17499.740	943.238	875228.600	0.000
DMU_9	49612.490	30034.300	5617969.000	0.000
DMU_{10}	0.000	0.000	0.000	0.000
DMU_{11}	0.000	0.000	0.000	0.000
DMU_{12}	0.000	1572.062	0.000	0.000
DMU_{13}	0.000	649.845	0.000	0.000
DMU_{14}	0.000	0.000	0.000	0.000
DMU_{15}	0.000	0.000	0.000	0.000
DMU_{16}	1545.920	1610.414	0.000	53075.580
DMU_{17}	0.000	0.000	0.000	0.000
DMU_{18}	0.000	0.000	0.000	0.000

续表

省份	专利申请数量的松弛数量	新产品开发数量的松弛数量	新产品开发经费支出的松弛数量	技术引进支出的松弛数量
DMU$_{19}$	1323.660	2842.435	525950.400	0.000
DMU$_{20}$	0.000	0.000	0.000	0.000
DMU$_{21}$	0.000	0.000	0.000	0.000
DMU$_{22}$	1458.253	1826.664	0.000	11394.070
DMU$_{23}$	405.423	0.000	86750.290	0.000
DMU$_{24}$	0.000	1460.193	0.000	0.000
DMU$_{25}$	0.000	0.000	0.000	0.000
均值	2970.739	1802.007	302086.448	27951.354

表4-19显示，全国各个区域的四项投入指标均出现不同程度的冗余，四项投入指标的平均冗余值分别为2970.739、1802.007、302086.448、27951.354，但新产品开发经费与技术引进费用两项指标冗余较少，表明两项经费投入较为合理。

三 区域视角下科技成果社会化环节效率分析

我国高新技术产业各地理区域创新科技成果社会化效率情况见表4-20。从表4-20可见，达到DEA有效的有DMU$_2$、DMU$_3$、DMU$_9$、DMU$_{10}$、DMU$_{13}$、DMU$_{14}$、DMU$_{17}$、DMU$_{24}$八个区域，达到0.800实现相对有效的有DMU$_6$、DMU$_7$、DMU$_{11}$、DMU$_{12}$、DMU$_{15}$、DMU$_{19}$六个区域，全国范围内的综合技术效率平均值为0.734，而且有十一个区域呈现规模报酬递增的状态，说明我国高新技术产业在创新价值的实现阶段效率较高。

表 4-20　　　　　　　　各区域科技成果社会化效率情况

省份	综合技术效率	纯技术效率	规模效率	规模报酬变化
DMU_1	0.604	0.621	0.973	减少
DMU_2	1.000	1.000	1.000	—
DMU_3	1.000	1.000	1.000	—
DMU_4	0.142	0.144	0.987	减少
DMU_5	0.112	0.113	0.992	减少
DMU_6	0.802	1.000	0.802	增加
DMU_7	0.859	0.900	0.954	增加
DMU_8	0.399	0.427	0.936	增加
DMU_9	1.000	1.000	1.000	—
DMU_{10}	1.000	1.000	1.000	—
DMU_{11}	0.827	0.838	0.987	减少
DMU_{12}	0.931	0.947	0.984	增加
DMU_{13}	1.000	1.000	1.000	—
DMU_{14}	1.000	1.000	1.000	—
DMU_{15}	0.859	1.000	0.859	减少
DMU_{16}	0.517	0.522	0.99	增加
DMU_{17}	1.000	1.000	1.000	—
DMU_{18}	0.771	1.000	0.771	减少
DMU_{19}	0.956	1.000	0.956	增加
DMU_{20}	0.403	1.000	0.403	增加
DMU_{21}	0.695	0.702	0.991	增加
DMU_{22}	0.432	0.434	0.997	增加

续表

省份	综合技术效率	纯技术效率	规模效率	规模报酬变化
DMU_{23}	0.501	0.594	0.843	增加
DMU_{24}	1.000	1.000	1.000	—
DMU_{25}	0.550	0.667	0.825	增加
均值	0.734	0.796	0.930	—

我国高新技术产业各区域科技成果社会化的投入、产出指标的松弛数量情况见表4-21、表4-22。

表4-21　　　各区域科技成果社会化的产出指标松弛情况

省份	新产品销售收入的松弛数量	新产品出口额的松弛数量	利润总额的松弛数量
DMU_1	10211032.000	0.000	0.000
DMU_2	0.000	0.000	0.000
DMU_3	0.000	0.000	0.000
DMU_4	0.000	374474.000	0.000
DMU_5	12436559.000	0.000	0.000
DMU_6	0.000	0.000	0.000
DMU_7	0.000	1025371.000	11550490.000
DMU_8	0.000	0.000	5567785.000
DMU_9	0.000	0.000	0.000
DMU_{10}	0.000	0.000	0.000
DMU_{11}	10475328.000	1309858.000	0.000
DMU_{12}	0.000	1967163.000	13350872.000

续表

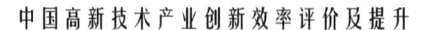

省份	新产品销售收入的松弛数量	新产品出口额的松弛数量	利润总额的松弛数量
DMU_{13}	0.000	0.000	0.000
DMU_{14}	0.000	0.000	0.000
DMU_{15}	0.000	0.000	0.000
DMU_{16}	0.000	0.000	7723896.000
DMU_{17}	0.000	0.000	0.000
DMU_{18}	0.000	0.000	0.000
DMU_{19}	0.000	0.000	0.000
DMU_{20}	0.000	0.000	0.000
DMU_{21}	0.000	0.000	22232936.000
DMU_{22}	0.000	0.000	14947717.000
DMU_{23}	0.000	292760.400	0.000
DMU_{24}	0.000	0.000	0.000
DMU_{25}	0.000	0.000	2517437.000
均值	1324916.760	188265.056	3115645.320

表4-21显示，新产品销售收入指标只有DMU_1、DMU_5、DMU_{11}三个区域出现亏空，新产品出口额指标有DMU_4、DMU_7、DMU_{11}、DMU_{12}、DMU_{23}五个区域出现亏空，利润总额指标中有DMU_7、DMU_8、DMU_{12}、DMU_{16}、DMU_{21}、DMU_{22}、DMU_{25}七个指标存在亏空现象，说明我国高新技术产业各区域的新产品销售收入产出效率较高，而在新产品出口额和利润总额两项指标中亏空较为明显，说明我国的高新技术产品的国际竞争优势有待提升。

表 4-22　　各区域科技成果社会化的投入指标松弛情况

省份	新产品生产总值的松弛数量	高新技术产业生产总值的松弛数量	销售费用的松弛数量
DMU_1	0.000	0.000	255.517
DMU_2	0.000	0.000	0.000
DMU_3	0.000	0.000	0.000
DMU_4	0.000	506774.900	230.534
DMU_5	14449064.000	0.000	25.187
DMU_6	0.000	0.000	0.000
DMU_7	0.000	37557927.000	0.000
DMU_8	0.000	27367160.000	618.921
DMU_9	0.000	0.000	0.000
DMU_{10}	0.000	0.000	0.000
DMU_{11}	4121499.000	0.000	40.957
DMU_{12}	18591564.000	0.000	0.000
DMU_{13}	0.000	0.000	0.000
DMU_{14}	0.000	0.000	0.000
DMU_{15}	0.000	0.000	0.000
DMU_{16}	0.000	13726193.000	0.000
DMU_{17}	0.000	0.000	0.000
DMU_{18}	0.000	0.000	0.000
DMU_{19}	0.000	0.000	0.000
DMU_{20}	0.000	0.000	0.000
DMU_{21}	0.000	31720409.000	0.000

续表

省份	新产品生产总值的松弛数量	高新技术产业生产总值的松弛数量	销售费用的松弛数量
DMU_{22}	0.000	5736219.000	0.000
DMU_{23}	0.000	10575909.000	0.000
DMU_{24}	0.000	0.000	0.000
DMU_{25}	0.000	8600913.000	0.000
均值	1486485.080	5431660.184	46.845

表4-22显示，新产品生产总值指标中，只有DMU_5、DMU_{11}、DMU_{12}三个区域出现冗余，冗余现象较为严重的是高新技术产业生产总值这项指标，达到八个区域，销售费用有五个区域存在冗余，从整体上看，新产品生产总值的投入表现较为合理，可考虑从实现持续创新的角度对投入适当增加。

本章小结

本章依托第三章构建的创新价值链模型，采用DEA分析方法，借助软件DEAP 2.1，对我国高新技术产业的三个创新环节从行业和区域两个维度分别进行效率研究，分析结果显示，创新第一阶段（见表4-6、表4-16），投入指标中的科研人员全时当量和研发经费内部支出稍有松弛，企业研发设备原值不存在冗余，只有企业研发机构数量松弛现象较为严重，说明创新资源投入不太合理，应作适当调整，但科研经费使用较为理想，可考虑在加大科研经费投入的同时，精简科研机构，尤其是科研成果较少的机构可采取合并重组形式，杜绝"吃闲饭""滥用公款"等恶劣现象，取长补短，提高产出效率；第二阶段较前一阶段，规模报酬变化情况有所改善，递增现象渐渐映入眼帘，表明高新技术产业科技成果转化率较第一阶段有所提高，大多数高新技术行业在新产品开发经费和技术引进经费投入上均未出现冗余（见表4-9、表4-19），说明此阶段创新投入产出率较为满意；第三阶段投入产出效果比第一、第二阶段更为乐观，科技成果社会化产出效率普遍比较高，行业均值达到0.829，远远高于前两个阶段，说明高新技术产业在管理、发展方面能力较强，利润可观且理想，但医药制造业的营销费用冗余较大（见表4-12），说明该行业的营销费用花销过大，应考虑适当减少医药行业中间渠道，控制销售成本，压缩不必要的支出。

综上所述，创新三个阶段，第一阶段投入不太合理，第二阶段科技成果转化率较为理想，第三阶段最为乐观，但研究结果还表明各行业和区域存在不同程度的显著差异。研究针对不同环节的特征选取相应指标进行评价，希望在发现其内在经济规律的同时为制定相关决策建议提供参考。

第五章 中国高新技术产业创新效率影响因素分析

第四章针对创新价值链的三个环节进行了效率分析,分析结果显示我国高新技术产业在创新过程中的科技成果产出及商品化产出环节效率比较低,但是科技成果社会化产出效率比较理想,不同行业和区域之间也存在较大差异。在了解各环节的创新效率值后,接下来需要思考造成这些效率值各有高低的原因是什么,即创新效率受到哪些因素影响,这些因素怎样影响创新效率。本章利用皮尔森相关系数分析法和多元线性回归分析法对影响因素与创新效率的相关性展开进一步研究,并对两种方法的相关性分析结果进行比较。

根据创新价值链理论模型,结合第四章 DEA 数据分析结果,为更进一步分析 DEA 有效决策单元的效率情况,本章同样从行业和区域两个不同视角,通过 DEA-SOLVER 7.0 软件计算超效率值,运用 STATA 17.0 软件计算超效率与各个影响因素之间的皮尔森相关系数,采用 SPSS 27.0 软件对创新效率影响因素进行回归分析,同时采用两种分析方法研究创新效率影响因素,一是为了探索影响因素与产出效率的相关性强弱程度;二是用两种方法互相验证,提高结果的准确度和科学性。

第五章 中国高新技术产业创新效率影响因素分析

第一节 创新价值链视角下创新效率影响因素指标筛选

创新是从研究开发到生产销售的完整链条，它的实现需要一个社会化的工作体系和一系列中间环节。因此，创新效率将在多个环节受到多种因素影响。探究高新技术产业创新价值链视角下的创新效率影响因素，及其影响作用的大小，有利于高新技术产业有针对性地增加产出价值、提高创新效率并节约支出成本。本节将根据前文建立的三次投入、三次产出创新价值链理论模型，分别讨论三个产出环节内的创新效率影响因素。

一 科技成果产出环节影响因素指标

创新是连续演化过程，首要的是创新资源投入，企业通过研发产出科技成果。在这一过程中，资金是推动创新最为有力的保障。在以往研究中，资本投入被视为影响创新效率的重要指标。Jaffe、Trajtenberg、Henderson 对美国高新技术产业研发资源投入和技术创新成果进行分析，发现近 30 年的研发投入和创新成果具有显著相关性；[1] Higon 的实证研究结果显示，高新技术产业内部的 R&D 投入对创新效率有显著的正向影响。[2] 其后，部分学者将资本投入进行有效分类，主要分为政府支持与金融资本投入。白俊红、蒋伏心认为政府补贴支持对创新效率提升是积极有效的，政府补贴可以增加企业创新投入资金，激励企业扩大研

---

[1] A. B. Jaffe, M. Trajtenberg, R. Henderson, "Geographic Localization of Knowledge Spillovers as Evidenced by Patent Citations", *Quarterly Journal of Economics*, 1993, 108 (3): 577-598.

[2] Higon D. A., "The Impact of R&D Spillovers on UK Manufacturing TFP: A Panel Approach", *Research Policy*, 2007, 36 (7): 964-979.

发，从而提升创新效率；① 吴佐、张娜、王文考察政府研发投入对企业创新效率的影响，研究结果表明，政府支持对创新效率影响具有两面性，还须进一步深入探讨。② 黄德春、闵尊祥、徐敏从产业层面，运用我国高新技术产业2004—2008年的省级面板数据，实证分析金融发展规模和金融发展效率对技术创新效率的影响程度，研究结果表明，无论是金融规模还是金融发展效率，对技术创新效率都有明显的促进作用，呈现正向关系；③ 张长征、黄德春、马昭洁研究金融市场与高新技术产业创新效率的相关性，选取了29个省份的数据进行分析，结果显示越是欠发达地区，在提升创新效率的过程中，对金融市场的依赖程度越高。④ 本书参考前人已有研究，依旧将资本投入视为影响创新效率的重要指标，并从政府投入资金、金融机构投入资金（即银行贷款）的角度对资本投入进行分类。

此外，在经济全球化背景下，"闭门造车"的时代一去不复返，合作模式随处可见，合作创新模式已经成为经济社会中常见的创新模式。Higon 探讨外部与外资研发投入对创新效率的影响，虽然结果显示因果关系并不显著，但随着经济全球化脚步的加快，这一影响力将日益增大。⑤ 所以，在科技成果产出环节，本书加入研发外部支出指标作为影响创新效率的因素。

---

① 白俊红、蒋伏心：《考虑环境因素的区域创新效率研究——基于三阶段DEA方法》，《财贸经济》2011年第10期。

② 吴佐、张娜、王文：《政府R&D投入对产业创新绩效的影响——来自中国工业的经验证据》，《中国科技论坛》2013年第12期。

③ 黄德春、闵尊祥、徐敏：《金融发展与技术创新：对中国高新技术产业的实证研究》，《中国科技论坛》2011年第12期。

④ 张长征、黄德春、马昭洁：《产业集聚与产业创新效率：金融市场的联结和推动——以高新技术产业集聚和创新为例》，《产业经济研究》2012年第6期。

⑤ Higon D. A., "The Impact of R&D Spillovers on UK Manufacturing TFP: A Panel Approach", *Research Policy*, 2007, 36 (7): 964-979.

二 科技成果商品化环节影响因素指标

此阶段企业需要在专利和新产品中继续投入经费,生产具备优势的商品,扩大企业规模是基础条件,否则无法大量生产。刘和东、陈程运用 DEA 方法,基于创新价值链的视角测度了 1999—2008 年我国高新技术产业的创新绩效,并对我国高新技术产业影响因素进行研究,结果表明,我国高新技术产业在技术开发阶段受到产权机构和企业规模影响,在成果转化阶段受到企业规模和企业支持的影响;[①] 刘伟测算高新技术行业创新效率,认为市场结构和企业规模能促进技术创新效率的提升。[②] 但也有学者提出相反的研究结论。扈瑞鹏、马玉琪、赵彦云对中关村科技园 2011—2014 年的数据进行收集整理并测算分析,结果显示产业规模与创新效率存在负相关性;[③] 杨芸、洪功翔对我国国有高技术企业创新效率影响因素进行研究,结果同样表明政府支持和企业规模不利于技术创新效率的提升。[④] 前人研究并未得出统一结论,为探究科技成果商品化环节中,企业规模与创新效率的具体关系,本书选择企业规模作为影响创新效率的因素。考虑到数据的可获得性与真实性,本书使用企业资产总额作为衡量企业规模的替代性指标。

同时,在科技成果向新产品转化的过程中,技术获取与技术升级改造被认为是企业获得更高经济回报的重要途径之一,企业自身投入

[①] 刘和东、陈程:《中国原创性高新技术产业技术效率测度研究——基于创新价值链视角的两阶段分析》,《科技进步与对策》2011 年第 12 期。

[②] 刘伟:《中国高新技术产业研发创新效率测算——基于三阶段 DEA 模型》,《数理统计与管理》2015 年第 1 期。

[③] 扈瑞鹏、马玉琪、赵彦云:《高新技术产业创新效率及影响因素的实证研究——以中关村科技园为例》,《现代管理科学》2016 年第 10 期。

[④] 杨芸、洪功翔:《国有高技术企业创新效率及影响因素研究》,《安徽工业大学学报》(社会科学版)2016 年第 5 期。

与技术购买是创新的有力保障。此外，由于劳动密集型产业仍属我国比较优势行业，导致我国目前高新技术产业仍处于模仿创新阶段，企业对引进技术的消化吸收及技术改造升级势必会影响商品生产速度。基于以上原因，本环节同时加入消化吸收支出、技术升级支出作为科技成果商品化阶段创新效率影响因子。

三 科技成果社会化环节影响因素指标

创新价值往往用收益来表示，如销售收入、利润等，收益的大小取决于产品竞争力。科学研究是企业提升自主创新能力的前提，专利作为创新研发阶段的产物，被多数学者接受，[①] 对于高新技术而言，专利数量的多少代表了企业掌握技术的能力强弱，该种能力决定了企业产品竞争力的强弱，因此专利申请数量是衡量企业核心竞争力的重要指标，因此该环节选取发明申请数量表示产品技术含金量，用有研发活动的企业数量衡量产品市场竞争程度，测度高新技术产业的创新能力和水平。

创新价值链视角下各环节创新效率影响因素指标具体情况见表 5-1。

表 5-1　　　　创新价值链视角下的创新效率影响因素

	科技成果产出环节	科技成果商品化产出环节	科技成果社会化环节
影响因素	政府投入资金比例	资产总额	发明专利申请数量
	银行贷款比例	消化吸收支出	有研发活动的企业数量
	研发外部支出比例	技术升级支出	—

---

① Zvi Griliches, "R&D and Productivity Slowdown", *The American Economic Review*, 1980, 70 (2): 343-348; Daniele Archibugi, "Paeenting as and Indicator of Technological Activities: A Survey", *Science and Public Policy*, 1992, 19 (6): 357-368; Daniele Archibug, "The Determinants of National Inovative Capacity", *Research Policy*, 2002, 31 (6): 899-933.

第二节 基于皮尔森相关系数法的行业视角下创新价值链各环节影响因素相关性分析

一 行业视角下科技成果产出环节相关系数分析

我国高新技术产业各行业的科技成果产出环节的超效率及皮尔森相关系数计算结果如表5-2、表5-3所示。

表5-2 各行业创新的科技成果产出环节影响因素原始数据及超效率

行业	政府投入资金比例	银行贷款比例	研发外部支出比例	超效率
DMU_1	0.093	0.008	0.142	1.289
DUM_2	0.101	0.021	0.135	1.000
DMU_3	0.053	0.005	0.080	4.038
DMU_4	0.087	0.008	0.065	1.000
DMU_5	0.091	0.026	0.058	1.000

表5-3 各行业创新的科技成果产出环节皮尔森相关系数

	政府投入资金比例	银行贷款比例	研发外部支出比例	超效率
政府投入资金比例	1.0000	—	—	—
银行贷款比例	0.6071	1.0000	—	—
研发外部支出比例	0.4089	−0.0807	1.0000	—
超效率	0.9584***	−0.0565*	0.1730*	1.000

注："*"代表变量之间的相关程度，具体划分参见第三章第二节皮尔森相关系数分析。

采用STATA 17.0计算超效率值与影响因素的皮尔森相关系数，结果显示，政府投入资金比例与产出效率呈现强正相关性，说明政府投入资金比例越大，企业的创新效率越高；银行贷款比例与产出效率则呈现出弱相关性，而研发经费外部支出比例与产出效率呈正相关性。

二 行业视角下科技成果商品化环节相关系数分析

科技成果的商品化环节用来考察企业将科技成果转化为有形商品的能力，资产总额、消化吸收支出、技术升级支出能够影响这种转化能力，通过计算得出各行业超效率及皮尔森相关系数结果如表5-4、表5-5所示。

表5-4　各行业创新的科技成果商品化环节影响因素原始数据及超效率

行业	资产总额（万元）	消化吸收支出（万元）	技术升级支出（万元）	超效率
DMU_1	250710900	765932	9135021	11.457
DUM_2	224169100	452738	6953701	1.000
DMU_3	571537600	201611	3732548	3.009
DMU_4	672312900	98752	2957237	3.089
DMU_5	80244300	28576	501876	0.403

表5-5　各行业创新的科技成果商品化环节皮尔森相关系数

	资产总额	消化吸收支出	技术升级支出	超效率
资产总额	1.0000	—	—	—
消化吸收支出	-0.2627	1.0000	—	—
技术升级支出	-0.1071	0.9738	1.0000	—
超效率	0.024*	0.080*	-0.725***	1.000

注："*"代表变量之间的相关程度，具体划分参见第三章第二节皮尔森相关系数分析。

表5-5显示，资产总额与消化吸收支出两项指标与产出效率之间呈现弱正相关性，说明我国的高新技术产业各行业在资金利用方面有待改进；而技术升级支出与产出效率的皮尔森系数值为-0.725，呈强

第五章 中国高新技术产业创新效率影响因素分析

负相关性。

三 行业视角下科技成果社会化环节相关系数分析

科技成果社会化环节可用于衡量企业实现最终创新价值的能力，销售收入和利润总额可以体现能力水平，但是效率的高低会受到发明专利和研发活动的影响，通过计算得出各行业超效率以及皮尔森相关系数如表5-6、表5-7所示。

表5-6 各行业创新的科技成果社会化环节影响因素原始数据及超效率

行业	发明专利申请数量（件）	有研发活动的企业数量（个）	超效率
DMU_1	10019	2812	1.578
DUM_2	3572	1384	1.000
DMU_3	56951	3273	5.452
DMU_4	7663	2683	1.447
DMU_5	9135	2751	1.000

表5-7 各行业创新的科技成果社会化环节皮尔森相关系数

	发明专利申请数量	有研发活动的企业数量	超效率
发明专利申请数量	1.000	—	—
有研发活动的企业数量	0.633	1.000	—
超效率	0.993***	0.608***	1.000

注："*"代表变量之间的相关程度，具体划分参见第三章第二节皮尔森相关系数分析。

表5-7显示，发明专利申请数量与有研发活动的企业数量与产出效率呈现出显著正相关性，尤其是发明专利申请数量接近1.000，表现为强正相关性。

· 115 ·

第三节 基于皮尔森相关系数法的区域视角下创新价值链各环节影响因素相关性分析

一 区域视角下科技成果产出环节相关系数分析

区域视角的分析思路与行业视角相同,仍然采用STATA 17.0软件进行计算,我国高新技术产业各区域超效率及皮尔森相关系数计算结果如表5-8、表5-9所示。

表5-8 各区域创新的科技成果产出环节影响因素原始数据及超效率

省份	政府投入资金比例	银行贷款比例	研发外部支出比例	超效率
DMU_1	0.171	0.044	0.252	1.434
DMU_2	0.075	0.008	0.217	1.072
DMU_3	0.048	0.025	0.085	2.009
DMU_4	0.066	0.004	0.103	0.356
DMU_5	0.103	0.036	0.093	0.845
DMU_6	0.038	0.001	0.106	3.543
DMU_7	0.188	0.088	0.022	0.651
DMU_8	0.167	0.031	0.128	3.436
DMU_9	0.062	0.029	0.072	3.993
DMU_{10}	0.034	0.011	0.149	2.113
DMU_{11}	0.063	0.009	0.054	0.158
DMU_{12}	0.048	0.011	0.093	0.868
DMU_{13}	0.083	0.010	0.045	0.567
DMU_{14}	0.040	0.012	0.173	0.743

第五章 中国高新技术产业创新效率影响因素分析

续表

省份	政府投入资金比例	银行贷款比例	研发外部支出比例	超效率
DMU₁₅	0.078	0.016	0.095	0.556
DMU₁₆	0.036	0.012	0.083	0.742
DMU₁₇	0.073	0.009	0.072	0.641
DMU₁₈	0.061	0.007	0.042	4.887
DMU₁₉	0.059	0.009	0.001	1.100
DMU₂₀	0.051	0.007	0.042	1.000
DMU₂₁	0.040	0.009	0.090	0.819
DMU₂₂	0.215	0.009	0.121	0.682
DMU₂₃	0.094	0.015	0.103	0.667
DMU₂₄	0.313	0.062	0.126	0.598
DMU₂₅	0.093	0.002	0.183	0.484

表5-9 各区域创新的科技成果产出环节皮尔森相关系数

	政府投入资金比例	银行贷款比例	研发外部支出比例	超效率
政府投入资金比例	1.000	—	—	—
银行贷款比例	0.686	1.000	—	—
研发外部支出比例	0.198	-0.022	1.000	—
超效率	0.484**	-0.037*	0.064*	1.000

注："*"代表变量之间的相关程度，具体划分参见第三章第二节皮尔森相关系数分析。

表5-9显示，政府投入资金比例与产出效率显示中度正相关性，说明政府投入资金的扶持对技术创新效率有促进作用；银行资金比例和研发外部支出比例与产出效率之间表现为弱负相关性，说明这两项指标对于创新效率影响很微弱，其中研发外部支出比例与产出效率之

间表现为弱正相关性。

二 区域视角下科技成果商品化环节相关系数分析

资产总额、消化吸收支出、技术升级支出三项指标的超效率及皮尔森相关系数计算结果如表5-10、表5-11所示。

表5-10 各区域创新的科技成果商品化环节影响因素原始数据及超效率

省份	资产总额（万元）	消化吸收支出（万元）	技术升级支出（万元）	超效率
DMU_1	386097600	10256	8741589	0.490
DMU_2	252429800	145146	318600	1.281
DMU_3	427178200	308900	3845152	0.359
DMU_4	320684500	16816	2157258	1.000
DMU_5	385740400	38145	2075183	0.622
DMU_6	179932800	6779	296305	0.719
DMU_7	154079600	72553	135806	1.490
DMU_8	373069500	258800	46000	0.438
DMU_9	1070617300	268310	9810546	0.732
DMU_{10}	666267100	215216	4563254	1.884
DMU_{11}	313599500	357000	2337200	1.300
DMU_{12}	296475400	43012	1015782	0.607
DMU_{13}	192175100	21012	1366854	0.523
DMU_{14}	1013435000	490152	7510316	1.940
DMU_{15}	557109700	104874	3315742	2.865
DMU_{16}	353991200	16046	835034	0.989

第五章 中国高新技术产业创新效率影响因素分析

续表

省份	资产总额（万元）	消化吸收支出（万元）	技术升级支出（万元）	超效率
DMU$_{17}$	235757500	146182	5018732	1.587
DMU$_{18}$	954112200	167382	3309502	1.676
DMU$_{19}$	151223300	5687	915924	0.755
DMU$_{20}$	27880600	250	17946	1.000
DMU$_{21}$	178460800	60152	158112	1.379
DMU$_{22}$	404013800	150312	7068113	0.667
DMU$_{23}$	7643564	50	47805	0.885
DMU$_{24}$	282273900	12843	1787332	0.202
DMU$_{25}$	119183300	221543	745263	1.995

表 5-11　各区域创新的科技成果商品化环节皮尔森相关系数

	资产总额	消化吸收支出	技术升级支出	超效率
资产总额	1.000	—	—	—
消化吸收支出	0.610	1.000	—	—
技术升级支出	0.714	0.445	1.000	—
超效率	0.260*	0.319*	-0.049*	1.000

注："*"代表变量之间的相关程度，具体划分参见第三章第二节皮尔森相关系数分析。

表 5-11 显示，从全国角度看，资产总额、消化吸收支出与产出效率之间呈现弱正相关性，说明企业规模对创新能力的提升能够起到促进作用，而技术升级支出与创新效率呈负相关性，但影响很微弱。

三 区域视角下科技成果商品化环节相关系数分析

我国高新技术产业各区域的科技成果社会化环节影响因素超效率及皮尔森相关系数计算结果如表5-12、表5-13所示。

表5-12 各区域创新的科技成果社会化环节影响因素原始数据及超效率

省份	发明专利申请数量（件）	有研发活动的企业数量（个）	超效率
DMU_1	5305	450	0.621
DMU_2	6750	4430	1.937
DMU_3	1058	405	4.972
DMU_4	895	256	0.144
DMU_5	854	311	0.113
DMU_6	787	102	1.045
DMU_7	652	185	0.900
DMU_8	10740	359	0.427
DMU_9	10814	2654	5.557
DMU_{10}	8517	2931	1.690
DMU_{11}	412	2122	0.838
DMU_{12}	727	3750	0.947
DMU_{13}	523	301	1.000
DMU_{14}	6883	1770	1.428
DMU_{15}	2717	726	1.227
DMU_{16}	2034	496	0.522
DMU_{17}	2913	520	1.537
DMU_{18}	28477	1767	1.124

续表

省份	发明专利申请数量（件）	有研发活动的企业数量（个）	超效率
DMU₁₉	385	214	1.032
DMU₂₀	102	70	1.000
DMU₂₁	1225	265	0.702
DMU₂₂	2563	219	0.434
DMU₂₃	1145	98	0.594
DMU₂₄	912	192	1.000
DMU₂₅	293	99	0.667

表5-13　各区域创新的科技成果社会化环节皮尔森相关系数

	发明专利申请数量	有研发活动的企业数量	超效率
发明专利申请数量	1.000	—	—
有研发活动的企业数量	0.363	1.000	—
超效率	0.019*	0.034*	1.000

注："*"代表变量之间的相关程度，具体划分参见第三章第二节皮尔森相关系数分析。

表5-13显示，从区域视角看，发明专利申请数量、有研发活动的企业数量与产出效率之间呈弱相关性。

第四节　基于多元线性回归法的行业视角下创新价值链各环节影响因素相关性分析

一　行业视角下科技成果产出环节回归分析

我国高新技术产业各行业的科技成果产出环节超效率及回归分析计算结果如表5-14、表5-15、表5-16、表5-17所示。

表 5-14　各行业创新的科技成果产出环节影响因素原始数据及超效率

行业	政府投入资金比例	银行贷款比例	研发外部支出比例	超效率
DMU_1	0.093	0.008	0.142	1.289
DUM_2	0.101	0.021	0.135	1.000
DMU_3	0.053	0.005	0.080	4.038
DMU_4	0.087	0.008	0.065	1.000
DMU_5	0.091	0.026	0.058	1.000

表 5-15　模型汇总结果[b]

模型	R	R^2	调整后 R^2	标准差	D-W
1	0.999[a]	0.997	0.988	0.144	2.255

注：a. Predictors（Constant）：研发外部支出比例、银行贷款比例、政府投入资金比例。

b. Dependent Variable：创新效率。

由表 5-15 模型汇总结果可知，模型的拟合度为 0.997，调整后的拟合度为 0.988，表明研发外部支出比例、银行贷款比例、政府投入资金比例对创新效率具有 98.8% 的解释度。

表 5-16　F 检验结果[a]

模型	平方和	自由度	均方	F	Sig
回归	7.079	3	2.360	114.216	0.009[b]
残差	0.021	1	0.021		
总计	7.099	4			

注：a. Dependent Variable：创新效率。

b. Predictors（Constant）：研发外部支出比例、银行贷款比例、政府投入资金比例。

第五章 中国高新技术产业创新效率影响因素分析

表5-16的方差结果显示，模型F检验统计量为114.216，F检验对应的显著性概率Sig值为0.009，在1%的显著性水平上通过了F假设检验，说明模型回归效果显著。

表5-17　　　　　　　　　　T检验结果[a]

模型	非标准化系数 B	标准误差	标准化系数 Beta	T	Sig	共线性统计 容差	VIF
Constant	7.529	0.351		21.470	0.030	—	—
政府投入资金比例	-86.702	5.897	-1.223	-14.704	0.043[*]	0.420	2.379
银行贷款比例	29.187	10.852	0.205	2.690	0.227	0.502	1.994
研发外部支出比例	23.384	1.219	0.344	19.183	0.021[**]	0.661	1.512

注：a. Dependent Variable：创新效率。

"*""**""***"分别代表通过10%、5%、1%的显著性检验，没有"*"代表未通过显著性检验。

从回归系数分析结果来看，政府投入资金比例与创新产出效率呈现出显著的负相关性，回归系数为-86.702，T检验统计量为-14.704，T检验显著性概率Sig值为0.043，在5%的显著性水平上通过了T检验，即政府投入资金比例越高，创新效率越低；反之，政府投入资金比例越低，创新效率越高，表明政府应适当减少对企业的干预，才能有利于促进企业的创新效率提升。

银行贷款比例与创新效率回归系数为29.187，T检验统计量为2.690，T检验显著性概率Sig值为0.227，大于0.100，没有通过T检验，表明银行贷款比例对创新效率的影响作用并不显著，银行的资金支持对企业的创新效率不能产生直接影响。

研发外部支出比例与创新效率呈现出显著的正相关性，回归系数为 23.384，T 检验统计量为 19.183，T 检验显著性概率 Sig 值为 0.021，在 5% 的显著性水平上通过了 T 检验，即研发外部支出比例越高，创新效率越高，研发外部支出对创新效率具有显著的正向影响，表明企业与各大高校以及科研机构建立的合作创新模式可以有效促进创新效率的提升，进而加快创新。

二 行业视角下科技成果商品化环节回归分析

科技成果的商品化环节衡量企业将科技成果转化为有形商品的能力，资产总额、消化吸收支出、技术升级支出能够影响这种转化能力，通过计算得出回归分析结果如表 5-18、表 5-19、表 5-20、表 5-21 所示。

表 5-18　各行业创新的科技成果商品化环节影响因素原始数据及超效率

行业	资产总额（万元）	消化吸收支出（万元）	技术升级支出（万元）	超效率
DMU_1	250710900	765932	9135021	11.457
DMU_2	224169100	452738	6953701	1.000
DMU_3	571537600	201611	3732548	3.009
DMU_4	672312900	98752	2957237	3.089
DMU_5	80244300	28576	501876	0.403

表 5-19　　　　　　　模型汇总结果[b]

模型	R	R^2	调整后 R^2	标准差	D-W
1	0.990[a]	0.980	0.922	1.24266	2.794

注：a. Predictors：资产总额、消化吸收支出、技术升级支出。

b. Dependent Variable：创新效率。

第五章 中国高新技术产业创新效率影响因素分析

由表5-19模型汇总结果可知,模型拟合度为0.980,调整后的拟合度为0.922,表明资产总额、消化吸收支出、技术升级支出对创新效率具有92.2%的解释度。

表5-20　　　　　　　　　　F检验结果[a]

模型	平方和	自由度	均方	F	Sig
回归	77.583	3	25.861	47.539	0.027[b]
残差	0.544	1	0.544		
总计	78.128	4			

注:a. Dependent Variable:创新效率。

b. Predictors (Constant):技术升级支出、资产总额、消化吸收支出。

表5-20 F检验结果(即方差分析)显示,模型F检验统计量为47.539,F检验对应的显著性概率Sig值为0.027,在5%的显著性水平上通过了F检验,表明模型回归效果显著。

表5-21　　　　　　　　　　T检验结果[a]

模型	非标准化系数 B	标准误差	标准化系数 Beta	T	Sig	共线性统计 容差	VIF
Constant	-391.000	1.432		-273.000	0.830		
资产总额	1.350E-8	0.000	0.760	3.864	0.161	0.504	1.984
消化吸收支出	6.050E-5	0.000	4.103	4.772	0.131	0.026	37.869
技术升级支出	-4.167E-6	0.000	-3.189	-15.822	0.033**	0.028	35.664

注:a. Dependent Variable:创新效率。

"*""**""***"分别代表通过10%、5%、1%的显著性检验,没有"*"代表未通过显著性检验。

T 检验结果显示，资产总额与创新效率回归系数为 1.350E-8，T 检验统计量为 3.864，T 检验显著性概率 Sig 值为 0.161，大于 0.100，没有通过 T 检验，表明资产总额对创新效率的影响不显著。

消化吸收支出与创新效率回归系数为 6.050E-5，T 检验统计量为 4.772，T 检验显著性概率 Sig 值为 0.131，大于 0.100，没有通过 T 检验，表明消化吸收支出对创新效率的影响不显著，说明我国的高新技术产业各行业在资金利用方面有待改进。

技术升级支出与创新效率呈现出显著的负相关性，回归系数为 -4.167E-6，T 检验统计量为 -15.822，T 检验显著性概率 Sig 值为 0.033，在 5% 的显著性水平上通过了 T 检验，表明技术升级支出越高，创新效率越低，技术升级支出对创新效率具有显著的抑制作用，原因是我国高新技术产业已经具备一定的规模经济效应，技术升级支出并不会带来配套能力提升，资金的大量占用反而会影响创新效率。

三 行业视角下科技成果社会化环节回归分析

科技成果的社会化环节是衡量企业实现最终创新价值的能力，销售收入和利润总额可以体现能力水平，但是效率高低受到发明专利和研发活动的影响，因此，通过计算得出各行业回归结果如表 5-22、表 5-23、表 5-24、表 5-25 所示。

表 5-22　各行业创新的科技成果社会化环节影响因素原始数据及超效率

行业	发明专利申请数量（件）	有研发活动的企业数量（个）	超效率
DMU_1	10019	2812	1.578
DUM_2	3572	1384	1.000
DMU_3	56951	3273	5.452

续表

行业	发明专利申请数量（件）	有研发活动的企业数量（个）	超效率
DMU_4	7663	2683	1.447
DMU_5	9135	2751	1.000

表5-23　　　　　　　　　模型汇结果[b]

模型	R	R^2	调整后R^2	标准差	D-W
1	0.993[a]	0.986	0.973	0.31191	1.994

注：a. Predictors（Constant）：发明专利申请数量、有研发活动的企业数量。

b. Dependent Variable：创新效率。

由表5-23模型汇总结果可知，模型的拟合度为0.986，调整后的拟合度为0.973，表明有研发活动的企业数量、发明专利申请数量对创新效率具有97.3%的解释度。

表5-24　　　　　　　　　F检验结果[a]

模型	平方和	自由度	均方	F	Sig
回归	14.160	2	7.080	72.775	0.015[b]
残差	0.195	2	0.097		
总计	14.355	4			

注：a. Dependent Variable：创新效率。

b. Predictors（Constant）：有研发活动的企业数量、发明专利申请数量。

表5-24中的F检验结果显示，模型F检验统计量为72.775，F检验对应的显著性概率Sig值为0.015，在5%的显著性水平上通过了F检验，说明模型回归效果显著。

表 5-25　　　　　　　　　　T 检验结果[a]

模型	非标准化系数		标准化系数	T	Sig	共线性统计	
	B	标准误差	Beta			容差	VIF
Constant	0.820	0.661		1.241	0.340		
发明专利申请数量	8.653E-5	0.000	1.015	9.538	0.011**	0.599	1.669
有研发活动的企业数量	9.155E-5	0.000	0.034	7.322	0.028**	0.599	1.669

注：a. Dependent Variable：创新效率。
"*""**""***"分别代表通过10%、5%、1%的显著性检验，没有"*"代表未通过显著性检验。

从 T 检验结果看，发明专利申请数量与创新效率呈现出显著正相关性，回归系数为 8.653E-5，T 检验统计量为 9.538，T 检验显著性概率 Sig 值为 0.011，在 5% 的显著性水平上通过了 T 检验，表明发明专利申请数量越多，创新效率越高。

有研发活动的企业数量与创新效率呈现出显著正相关性，回归系数为 9.155E-5，T 检验统计量为 7.322，T 检验显著性概率 Sig 值为 0.028，在 5% 的显著性水平上通过了 T 检验，表明有研发活动的企业数量越多，创新效率越高，有研发活动的企业数量的增长对创新效率具有显著的正向影响。发明专利申请数量的增加对创新效率具有显著的正向影响，一方面说明企业技术水平、技术积累可以加速企业获利，另一方面表明企业的研发活动可以促进同行之间的学习、交流和合作密度，起到提高创新效率的作用。

第五节　基于多元线性回归法的区域视角下创新价值链各环节影响因素相关性分析

一　区域视角下科技成果产出环节回归分析

区域视角的分析思路与行业视角相同，仍然采用 SPSS 27.0 软件进行计算,我国高新技术产业各区域超效率及回归分析结果如表5-26、表5-27、表5-28、表5-29所示。

表5-26 各区域创新的科技成果产出环节影响因素原始数据及超效率

省份	政府投入资金比例	银行贷款比例	研发外部支出比例	超效率
DMU_1	0.171	0.044	0.252	1.434
DMU_2	0.075	0.008	0.217	1.072
DMU_3	0.048	0.025	0.085	2.009
DMU_4	0.066	0.004	0.103	0.356
DMU_5	0.103	0.036	0.093	0.845
DMU_6	0.038	0.001	0.106	3.543
DMU_7	0.188	0.088	0.022	0.651
DMU_8	0.167	0.031	0.128	3.436
DMU_9	0.062	0.029	0.072	3.993
DMU_{10}	0.034	0.011	0.149	2.113
DMU_{11}	0.063	0.009	0.054	0.158
DMU_{12}	0.048	0.011	0.093	0.868
DMU_{13}	0.083	0.010	0.045	0.567
DMU_{14}	0.040	0.012	0.173	0.743
DMU_{15}	0.078	0.016	0.095	0.556
DMU_{16}	0.036	0.012	0.083	0.742
DMU_{17}	0.073	0.009	0.072	0.641
DMU_{18}	0.061	0.007	0.042	4.887
DMU_{19}	0.059	0.009	0.001	1.100
DMU_{20}	0.051	0.007	0.042	1.000

续表

省份	政府投入资金比例	银行贷款比例	研发外部支出比例	超效率
DMU$_{21}$	0.040	0.009	0.090	0.819
DMU$_{22}$	0.215	0.009	0.121	0.682
DMU$_{23}$	0.094	0.015	0.103	0.667
DMU$_{24}$	0.313	0.062	0.126	0.598
DMU$_{25}$	0.093	0.002	0.183	0.484

表 5-27　　　　　　　　　　模型汇总结果[b]

模型	R	R^2	调整后 R^2	标准差	D-W
1	0.174[a]	0.030	0.008	1.33026	1.870

注：a. Predictors（Constant）：政府投入资金比例、银行贷款比例、研发外部支出比例。

b. Dependent Variable：创新效率。

根据表 5-27 模型汇总结果可知，模型的拟合度为 0.030，调整后的拟合度为 0.008，表明政府投入资金比例、银行贷款比例、研发外部支出比例对创新效率具有 0.8% 的解释度，解释度较低。

表 5-28　　　　　　　　　　F 检验结果[a]

模型	平方和	自由度	均方	F	Sig
回归	31.158	3	10.386	30.457	0.043[b]
残差	7.161	21	0.341		
总计	38.320	24			

注：a. Dependent Variable：创新效率。

b. Predictors（Constant）：政府投入资金比例、银行贷款比例、研发外部支出比例。

第五章 中国高新技术产业创新效率影响因素分析

表5-28中的方差结果显示,模型F检验统计量为30.457,F检验对应的显著性概率Sig值为0.043,在5%的显著性水平上通过了F检验,说明模型回归效果较好。

表5-29　　　　　　　　　T检验结果[a]

模型	非标准化系数		标准化系数	T	Sig	共线性统计	
	B	标准误差	Beta			容差	VIF
Constant	1.640	0.615		2.666	0.014		
政府投入资金比例	7.231	0.743	0.226	9.732	0.012[**]	0.484	2.068
银行贷款比例	7.377	18.964	0.118	0.389	0.701	0.503	1.988
研发外部支出比例	-347	4.817	-016	-072	0.943	0.914	1.094

注:a. Dependent Variable:创新效率。

"*""**""***"分别代表通过10%、5%、1%的显著性检验,没有"*"代表未通过显著性检验。

从回归系数结果看,政府投入资金比例与创新效率回归系数为7.231,T检验统计量为9.732,T检验显著性概率Sig值为0.012,在5%的显著性水平上通过了T检验,表明在一定区域范围内政府投入资金比例越高,创新效率也越高,政府投入资金比例的增加对创新效率具有显著的正向影响。

银行贷款比例与创新效率回归系数为7.377,T检验统计量为0.389,T检验显著性概率Sig值为0.701,大于0.1,没有通过T检验,表明银行贷款比例对创新效率的影响不显著。

研发外部支出比例与创新效率回归系数为-0.347,T检验统计量为-0.072,T检验显著性概率Sig值为0.943,大于0.1,没有通过T检验,表明研发外部支出比例对创新效率的影响不显著。

二 区域视角下科技成果商品化环节回归分析

资产总额、消化吸收支出、技术升级支出三项指标超效率及回归分析的计算结果如表 5-30、表 5-31、表 5-32、表 5-33 所示。

表 5-30 各区域创新的科技成果商品化环节的影响因素原始数据及超效率

省份	资产总额（万元）	消化吸收支出（万元）	技术升级支出（万元）	超效率
DMU_1	386097600	10256	8741589	0.490
DMU_2	252429800	145146	318600	1.281
DMU_3	427178200	308900	3845152	0.359
DMU_4	320684500	16816	2157258	1.000
DMU_5	385740400	38145	2075183	0.622
DMU_6	179932800	6779	296305	0.719
DMU_7	154079600	72553	135806	1.490
DMU_8	373069500	258800	46000	0.438
DMU_9	1070617300	268310	9810546	0.732
DMU_{10}	666267100	215216	4563254	1.884
DMU_{11}	313599500	357000	2337200	1.300
DMU_{12}	296475400	43012	1015782	0.607
DMU_{13}	192175100	21012	1366854	0.523
DMU_{14}	1013435000	490152	7510316	1.940
DMU_{15}	557109700	104874	3315742	2.865
DMU_{16}	353991200	16046	835034	0.989
DMU_{17}	235757500	146182	5018732	1.587
DMU_{18}	954112200	167382	3309502	1.676
DMU_{19}	151223300	5687	915924	0.755
DMU_{20}	27880600	250	17946	1.000
DMU_{21}	178460800	60152	158112	1.379

续表

省份	资产总额（万元）	消化吸收支出（万元）	技术升级支出（万元）	超效率
DMU_{22}	404013800	150312	7068113	0.667
DMU_{23}	7643564	50	47805	0.885
DMU_{24}	282273900	12843	1787332	0.202
DMU_{25}	119183300	221543	745263	1.995

表 5-31 模型汇总结果[b]

模型	R	R^2	调整后 R^2	标准差	D-W
1	0.385[a]	0.148	0.027	0.62856	2.076

注：a. Predictors（Constant）：资产总额、消化吸收支出、技术升级支出。

b. Dependent Variable：创新效率。

根据表 5-31 模型汇总结果可知，模型的拟合度为 0.148，调整后的拟合度为 0.027，表明资产总额、消化吸收支出、技术升级支出对创新效率具有 2.7% 的解释度，解释度较低。

表 5-32 F 检验结果[a]

模型	平方和	自由度	均方	F	Sig
回归	1.447	3	0.482	1.221	0.327[b]
残差	8.297	21	0.395		
总计	9.744	24			

注：a. Dependent Variable：创新效率。

b. Predictors（Constant）：资产总额、消化吸收支出、技术升级支出。

表 5-32 方差结果显示，模型 F 检验统计量为 1.221，F 检验对应的显著性概率 Sig 值为 0.327，大于 0.100，没有通过 F 检验，说明模型回归效果较差。

表 5-33　　　　　　　　　　T 检验结果[a]

模型	非标准化系数 B	标准误差	标准化系数 Beta	T	Sig	共线性统计 容差	VIF
Constant	0.852	0.211		4.033	0.001		
资产总额	6.831E-10	0.000	0.304	1.937	0.086*	0.384	2.605
消化吸收支出	1.252E-6	0.000	0.260	2.024	0.080*	0.628	1.593
技术升级支出	-6.237E-8	0.000	-0.284	-0.989	0.334	0.490	2.040

注：a. Dependent Variable：创新效率。

"*""**""***"分别代表通过10%、5%、1%的显著性检验，没有"*"代表未通过显著性检验。

从回归系数结果来看，资产总额与创新效率回归系数为6.831E-10，T检验统计量为1.937，T检验显著性概率Sig值为0.086，在10%的显著性水平上通过了T检验，表明资产总额对创新效率具有正向影响，但影响较小。

消化吸收支出与创新效率回归系数为1.252E-6，T检验统计量为2.024，T检验显著性概率Sig值为0.080，小于0.100，在10%的显著性水平上通过了T检验，表明企业消化吸收支出对创新效率具有微弱正向影响。

技术升级支出与创新效率回归系数为-6.237E-8，T检验统计量为-0.989，T检验显著性概率Sig值为0.334，大于0.100，没有通过T检验，表明技术升级支出对创新效率的影响不显著。

三　区域视角下科技成果社会化环节回归分析

我国高新技术产业各区域的科技成果社会化环节影响因素超效率及回归分析结果如表5-34、表5-35、表5-36、表5-37所示。

表 5-34 各区域创新的科技成果社会化环节影响因素原始数据及超效率

省份	发明专利申请数量	有研发活动的企业数量	超效率
DMU_1	5305	450	0.621
DMU_2	6750	4430	1.937
DMU_3	1058	405	4.972
DMU_4	895	256	0.144
DMU_5	854	311	0.113
DMU_6	787	102	1.045
DMU_7	652	185	0.900
DMU_8	10740	359	0.427
DMU_9	10814	2654	5.557
DMU_{10}	8517	2931	1.690
DMU_{11}	412	2122	0.838
DMU_{12}	727	3750	0.947
DMU_{13}	523	301	1.000
DMU_{14}	6883	1770	1.428
DMU_{15}	2717	726	1.227
DMU_{16}	2034	496	0.522
DMU_{17}	2913	520	1.537
DMU_{18}	28477	1767	1.124
DMU_{19}	385	214	1.032
DMU_{20}	102	70	1.000
DMU_{21}	1225	265	0.702

续表

省份	发明专利申请数量	有研发活动的企业数量	超效率
DMU_{22}	2563	219	0.434
DMU_{23}	1145	98	0.594
DMU_{24}	912	192	1.000
DMU_{25}	293	99	0.667

表 5-35　　　　　　　　　　模型汇总结果[b]

模型	R	R^2	调整后 R^2	标准差	D-W
1	0.344[a]	0.118	0.038	1.26180	2.407

注：a. Predictors (Constant)：有研发活动的企业数量、发明专利申请数量。

b. Dependent Variable：创新效率。

由表 5-35 模型汇总结果可知，模型的拟合度为 0.118，调整后的拟合度为 0.038，表明有研发活动的企业数量、发明专利申请数量对创新效率具有 3.8% 的解释度，解释度较低。

表 5-36　　　　　　　　　　F 检验结果[a]

模型	平方和	自由度	均方	F	Sig
回归	4.687	2	2.344	1.472	0.251[b]
残差	35.027	22	1.592		
总计	39.714	24			

注：a. Dependent Variable：创新效率。

b. Predictors (Constant)：有研发活动的企业数量、发明专利申请数量。

第五章 中国高新技术产业创新效率影响因素分析

表5-36中的方差结果显示,模型F检验统计量为1.472,F检验对应的显著性概率Sig值为0.251,大于0.100,没有通过F检验,说明模型回归效果较差。

表5-37　　　　　　　　　　T检验结果[a]

模型	非标准化系数		标准化系数	T	Sig	共线性统计	
	B	标准误差	Beta			容差	VIF
Constant	0.882	0.338		2.606	0.016		
发明专利申请数量	1.691E-5	0.000	0.080	0.373	0.713	0.868	1.152
有研发活动的企业数量	0.001	0.000	0.306	1.426	0.168	0.868	1.152

注：a. Dependent Variable：创新效率。

"*""**""***"分别代表通过10%、5%、1%的显著性检验,没有"*"代表未通过显著性检验。

从回归系数分析结果看,发明专利申请数量与创新效率回归系数为1.691E-5,T检验统计量为0.373,T检验显著性概率Sig值为0.713,大于0.100,没有通过T检验,表明发明专利申请数量对创新效率影响不显著。

有研发活动的企业数量与创新效率回归系数为0.001,T检验统计量为1.426,T检验显著性概率Sig值为0.168,大于0.100,没有通过T检验,表明有研发活动的企业数量对创新效率影响不显著。

由于各地区市场化程度、创新效率、行业都存在不同程度的差异,所以两项指标影响创新效率的程度很微弱。

基于皮尔森相关系数法和多元线性回归法对创新效率影响因素的分析结果如表5-38所示。

表 5-37　　　　　　　影响因素相关性分析结果汇总

	影响因素	行业视角	区域视角		行业视角	区域视角
皮尔森相关系数法	政府投入	正相关	正相关	多元线性回归法	负显著	正显著
	银行贷款	弱负相关	弱负相关		不显著	不显著
	研发外部支出	正相关	弱正相关		正显著	不显著
	资产总额	弱正相关	正相关		不显著	弱正显著
	消化吸收支出	弱正相关	正相关		不显著	不显著
	技术升级支出	负相关	负相关		负显著	不显著
	发明专利申请数量	正相关	正相关		正显著	正显著
	有研发活动的企业数量	正相关	正相关		正显著	不显著

本章小结

本章结合第四章的 DEA 分析结果，同时采用皮尔森相关系数分析法和多元线性回归分析法并结合 DEA-SOLVER 计算方法，借助软件 STATA 17.0 和 SPSS 27.0 对我国高新技术产业的三个创新环节从行业和区域两个维度分别进行影响因素的深入分析。研究结果显示，在误差允许的范围内，政府投入资金与创新效率正相关，原因是对于行业自身的发展而言，自主创新无疑是最有力的创新模式，但得不到资金支持的技术创新难以开展，因此无论是行业发展还是区域创新都离不开政府的投入与扶持；银行贷款对创新效率影响程度则表现得不明显，由于高新技术产业属于知识密集型产业而且风险大，因此政府会给予高度关注与重点支持，资金问题极少通过借贷解决，所以银行的贷款资金对创新效率不会造成太大影响；研发外部支出与创新效率有一定关联，呈现出正相关性，虽然研发是技术创新的必经过程，也

第五章 中国高新技术产业创新效率影响因素分析

是关键步骤，但研发以外的活动，比如与高校或科研单位建立合作创新模式、与外界交流沟通，是可以加快技术创新效率提高的；资产总额与创新效率表现出微弱的正相关性，说明资产规模对创新效率不会造成严重影响，所以资产总额并不是企业提升创新效率的重要途径；消化吸收支出与创新效率表现出微弱的正相关性，消化吸收支出是企业引进新技术进行复制、掌握、应用而产生的费用支出，如培训费、开发费等，正相关性表明技术升级支出越多，创新效率越高，也说明引进技术为企业所有化程度越高，越有利于技术创新效率提升；技术升级支出是企业为技术升级、改造所产生的花销，它对创新效率的影响很微弱，尽管呈负相关性，但仍能说明我国现在高新技术产业已经产生一定的规模效应，若继续在技术升级上增加投入，大量资金将被占用，反而会抑制创新效率的提升；发明专利申请数量和有研发活动的企业数量两个因素均与创新效率正相关，发明专利是创新的科技成果，研发活动是创新的必备条件，所以这两个因素都能不同程度地促进技术创新效率的提升。

对于相关性研究，前人往往选用一种分析方法，本章节之所以选择皮尔森相关系数分析法和多元线性回归分析法同时对创新效率影响因素进行分析，旨在对影响因素相关性结果进行检验和比较，再对两种不同方法、不同维度的研究结果进行分析对比，在误差允许的范围内，创新效率与各项影响因素之间的相关性结果基本保持一致。研究中针对不同环节的特征选取相应指标进行相关性评价，希望研究结论能为相关部门决策提供参考。

第六章 中国高新技术产业创新效率提升与对策研究

随着经济全球化的发展，企业之间的竞争愈演愈烈，各大企业如何在激烈竞争中占据绝对优势是企业家一直思考的问题，技术创新无疑是一条捷径。本书构建了创新价值链理论模型，将创新过程进行细分，分为三次投入、三次产出，并对每一个阶段从不同行业和不同区域的角度展开创新效率实证研究，得出了不同阶段的创新效率值。本章将针对主要研究结果，结合技术创新理论，侧重每个环节的突出问题，针对性提出相关对策建议，以期对政府、企业或其他相关部门在制定政策时发挥决策参考作用。

第一节 政府层面的高新技术产业创新效率提升对策建议

本书根据创新价值链理论模型及针对不同行业、不同区域的实证研究，对创新各环节创新效率现状有了初步了解，也基本掌握了创新效率的影响因素，因此，结合相关理论基础，对我国高新技术产业创新效率提升问题从政府角度作以下几点归纳。

第六章 中国高新技术产业创新效率提升与对策研究

一 完善技术创新政策，提升技术引进利用率

我国高新技术产业近年得到快速发展，但我们必须认清该产业创新效率较为低下的事实，主要原因是我国高新技术产业还处于模仿创新阶段，技术不成熟，我国高新技术企业依靠对国外先进技术的引进，直接或间接提升自身的创新能力。在此背景下，政府应在引进外资和先进技术方面发挥积极作用。

政府首先要在宏观政策上正确引导和鼓励企业引进先进技术，扩大进口规模，清除进口障碍。在进口重点方面，侧重医疗器械、电子信息设备、精密仪器等高端产业的技术引进强度，并在引进技术的同时，发挥沿海地区地理优势，运用窗口效应优先引进技术，再通过政府优势扩散技术，利用产学研模式拉动创新价值链，促进主体与参与者协同配合，以高效的政府办公吸引高水平企业进驻国内。

二 提供研发补贴，合理优化资源配置

我国地大物博、幅员辽阔、资源丰富，但是从第四章创新效率测算中发现，我国高新技术产业科技成果转化率不高，投入不合理造成资源浪费是创新效率不高的主要原因。怎样做到充分发挥资源的使用率？由于高新技术的高昂投入特性导致企业在研发过程中频繁面临资金不足等问题，此时政府必须予以支持，方可保证技术创新活动的继续开展。研发财政补贴是目前国际通用的技术创新资助形式，在各国反响较好，得到广泛应用。政府通过专项研发经费直接补贴高新技术企业，帮助企业降低创新成本，转移创新风险，对创新效率的提升具有显著意义。第五章创新效率影响因素研究结果显示，政府投入比例与创新效率的关系有待深入探讨，因此，政府在提供研发补贴时，应

视具体情况合理配置优化资金，避免资金"挤出效应"发生，导致资金利用率不足等现象。政府在对高新技术企业实施研发资助时，往往会将研发条件成熟、基础功底厚实、自主创新能力较强、市场发展潜力大的企业作为首选对象，所以政府的视野大多集中在大中型高新技术企业。虽然帮助这些大中型企业有利于突破技术开发瓶颈，对高新技术产业所有行业乃至国家发展都具有深远意义，但对中小型高新技术企业有失公平。因此政府对高新技术产业的研发补贴应从全局角度考虑，让高新技术产业各行业都能在政府的大力支持下开展创新，提升创新效率，确保高新技术产业可持续发展。

三 重视人才建设，营造和谐创新氛围

高新技术属于知识、技术密集型产业，并非我国比较优势行业，其高速发展依赖高水平专业技术人才。国际上不断深化发展的技术水平彰显了研发人才在技术创新中的地位，其创造才能是提高创新积极性的有力保障。政府部门营造创新气氛应主要倾向于人才管理。选取的创新投入指标中，多数是与人才相关的，比如科研人员全时当量、企业研发机构数量、专利申请数量等。科研工作依赖高级人才，要求扎实的理论功底和娴熟的动手操作能力，因此高新技术产业的发展必须拥有大批专业科技人员。充分发挥专业人才的智慧才能提高创新速度，企业才能具备竞争优势，推动高新技术产业发展。因此，可以通过建立专业人才培养与使用机制、引进与培养年轻的学术带头人和技术管理人员等措施来产生人才的"马太效应"，壮大专业技术精英队伍。

第二节 企业层面的高新技术产业创新效率提升对策建议

在各区域科技成果社会化的产出指标分析中（表4-21），高新技术产业新产品的出口额和利润亏空较为明显，说明我国高新技术产品在国际竞争中优势不足。因此，企业可从创新价值链三个阶段入手，找出创新效率偏低的根源。

一 构建高效合作模式，提升科技成果产出

创新价值链的科技成果产出反映了投入资金的转换水平，是创新主体及参与者共同努力的结果。创新价值链三个环节中，科技成果产出效率偏低，行业和区域间差异较大。回归分析结果显示，一方面，企业技术积累即拥有发明专业数量对创新效率有促进作用；另一方面，行业视角下研发外部支出与产出效率呈正相关性，表明企业研发时借助企业外部的高校和科研机构是可以提升创新效率的，所以同行之间的交流、学习及互相帮助能够加快创新实现的速度。建立技术创新战略联盟不仅可以扩大科研经费的来源，降低资金周转压力，加大研发投入，而且可以发挥各个参与实体的优势，不在创新路上走弯路，从而达到提升创新效率的目的。

创新是连续过程，环环相扣、联系紧密，一旦出现断裂，创新将功亏一篑。从创新价值链理论模型了解到，创新始于研发，即人力资源投入，科研人员对新产品进行构思、测算和设计，形成新产品的初步模型和多项专利、发明，此阶段为"研"；研发任务分配由专业人才完成，人才培养由高等院校执行，此阶段为"学"；将

研发中产生的专利加以运用，形成生产链，转化科技成果形成商品，此过程为"产"。很明显，创新需要"产""学""研"三个环节的配合才能完成，生产主要依靠企业实施，学习则通过高等院校和其他教育机构完成，研究主要由企业研发部门和科研单位实现。现阶段，由于教育投入有限，教师在学校教授的理论知识无法应用于社会实践，长此以往，学校与企业疏于联系，彼此距离越拉越远。此外，科研工作者在完成科研课题或项目、申请专利以后，认为自己的工作已经结束，毫无将专利延续的意识，以致很多专利未开发成新产品进行生产，科技成果没有得到价值实现，创新价值链被人为断开，导致产、学、研呈现自成一派、各自为政的局面。因此，从企业层面考虑，要建立起产、学、研的创新体系，目的是加强企业、高校和科研单位的沟通与交流，三者如果能自觉形成一体，实行资源共享，让高等院校和科研单位的知识成果最大限度地转为新产品，迅速进入商品流通阶段，使创新价值得以实现，创新效率将会大大提高。因此，通过合作模式建立产、学、研体系有助于创新效率的提升。

二 优化资金利用率，增强科技成果转化能力

科技成果是创新的中间产物，不代表创新的最终价值，科技成果转化为商品，依靠资金和生产能力，新产品开发经费和技术引进费用是科技成果商品化环节的主要支出，这两项资金主要用于引进技术消化吸收和技术升级。为提高创新效率，高新技术企业通过提升生产工艺水平进行技术升级，并对引进的新技术投入消化吸收资金。回归结果显示，技术升级与产出效率有显著负相关性，消化吸收资金投入对产出效率也没有促进作用，说明两项资金的投入效果并不理想。因此

我国高新技术产业应该从优化资金利用率的角度出发，达到提高生产力和设备水平的目标。

生产力不强是我国高新技术产业创新效率不高的原因之一，对于知识、技术密集型产业，要想快速转化前沿技术，生产能力也是必要条件。英特尔公司可以完全拥有较强的生产能力，独立生产芯片，结合近期国内发生的中兴通讯事件，足以说明生产力代表着企业掌控核心技术的程度。因此科技成果向商品转化的过程中，除了优化资金利用率，高端生产能力也是实现高效产出的有力途径。

三 增加发明专利申请数量比重，提高科技成果扩散能力

创新价值链的第三阶段是创意的扩散，目标是价值化产出，而技术创新多大程度上影响价值产出，与科技成果技术含量关系密切。从行业视角回归分析发现，发明专利申请数量与创新效率呈显著正相关关系，说明产品技术含量影响企业获利水平，申请的发明专利数量越多，表明科技成果积累的科学知识越丰富，产品的科技含量越高，从而附加价值越大，企业获利能力得以体现。因此企业内部应多激发专业人员研发积极性，激励企业开展技术创新，尤其是增加技术含量较高的发明专利申请数量。

本章小结

本章从政府和企业两个层面，在行业和区域视角下，对高新技术产业创新效率的提升作出几点归纳：政府应努力合理引导创新，通过政策扶持、研发补贴提升创新人员的工作积极性，营造创新氛围；企

业则充分结合创新价值链理论，落实创新各环节，从构建高效创新模式、优化资金利用率、增加发明专利申请数量比重三方面分别提升科技成果产出、转化、扩散效率，进而提升高新技术产业的整体创新效率水平。

第七章 结论及研究展望

第一节 研究结论

创新是产业生存和发展的根基和原动力,因此创新效率高低是衡量产业价值的指标之一。本书以高新技术产业为研究对象,在对国内外高新技术产业创新效率相关文献、创新价值链相关理论以及创新效率评价进行相关研究的基础上,实证研究近5年创新价值链视角下我国高新技术产业的创新效率。本书综合评价了国内高新技术产业创新效率与分行业、分区域的创新效率,基于评价结果,归纳高新技术产业创新效率影响因素,并对各因素影响值进行相关性分析,提出提升创新效率的对策建议,在理论和实践上为推动我国高新技术产业的创新效率提供参考。本书得出以下几点主要结论。

第一,本书对高新技术产业的创新效率研究形成新的研究视角,构建三次投入、三次产出的创新价值链理论模型,将产业创新过程分解成科技成果产出、科技成果商品化产出、科技成果社会化产出三个环节,并研究三个环节中不同行业和不同区域的创新效率水平。

第二,科技成果产出环节研究结果显示,5个高新技术产业的综合技术效率均值为0.446,25个行政区域的综合技术效率均值为

0.651，两个值都接近 0.500，说明与 DEA 有效存在差距；而规模效率均值分别为 0.575、0.859，除去达到 DEA 有效的行业和区域，其余各项规模报酬均呈递减状态；投入产出指标松弛情况显示，除行业中企业研发设备投入较为合理，其余各项指标均有不同程度的松弛，尤其是投入指标出现冗余的情况较为普遍，表明我国高新技术产业在科技成果这个环节中产出效率不高，存在资源浪费现象，资源没有得到合理有效利用，需要考虑适当调整规模，尽快实现规模经济。

第三，科技成果商品化环节研究结果显示，5 个高新技术产业的综合技术效率均值为 0.664，25 个行政区域的综合技术效率均值为 0.723，较第一环节稍有上升；规模效率均值分别为 0.760、0.900，在规模报酬方面有 2 个行业和 8 个区域出现递增现象，表 4-9 中显示各行业在四项投入指标上都存在不同程度的冗余；在产出指标中的高新技术产业生产总值结果中，有高达 3 个产业和 8 个区域出现亏空，说明此环节的创新效率不高，生产能力有待提高。

第四，科技成果社会化环节研究结果显示，5 个高新技术产业的综合技术效率均值为 0.829，25 个行政区域的综合技术效率均值为 0.734，与第二环节相比明显提高；规模效率均值分别为 0.909、0.930，各行业规模效率指标中有 3 个行业达到 1.000，规模报酬都呈递增状态，25 个区域中有 11 个区域出现规模报酬递增，说明我国高新技术产业在科技成果社会化环节效率较为理想，只有少数指标需要进行适当调整。

第五，本书在高新技术产业不同环节的创新效率与影响因素相关性研究中使用了两种分析方法，结果表明，在科技成果产出环节，政府投入资金比例与产出效率具有极强的正相关性，说明政府资金支持对创新效率有促进作用，而银行贷款比例和研发外部支出比例两项指标均与产出效率表现出微弱的关联度，表明企业可考虑适当加强与各大高校以及科研机构的联系并建立合作创新模式，促进创新效率发展；在科技成果商品化环节，资产总额和消化吸收支出两项指标都与产出效率表现出弱相关性，技术升级支出与产出效率表现出负相关性，表明企业规模对创新效率的提升有促进作用，但影响力不大，由于我国高新技术产业已经粗具规模，技术升级支出并不能带来创新效率提升，所以资金利用方面有待改善，尤其用于技术升级的资金利用值得深入研究；在科技成果社会化环节，发明专利申请数量和有研发活动的企业数量两项指标与创新效率均表现出正相关性，表明企业的技术积累和技术水平能够为企业提高利润，研发活动可以加强同行的交流与学习，提高竞争力，实现创新效率提升。

第二节 研究不足

本书在创新价值链这个较新的视角下从行业和区域两个维度研究我国高新技术产业的创新效率问题，尽管在研究设计和论文撰写过程中力求创新与科学性，但由于相关研究成果数量有限，诸多研究还有待进一步深入探索，加之笔者在职攻读，精力和能力有限，故本书存在以下局限。

一 数据分析与处理不够深入

本书没有对相关数据进行纵向比较研究，因为在数据收集中涉及《中国统计年鉴》《中国科技统计年鉴》等统计资料，由于各年统计指标存在很大差异，造成纵向数据严重缺失，因此本书只对近6年相关指标均值进行横向研究；在数据来源方面，由于统计指标数据收集受限，没有开展国际比较研究。

二　指标处理细节有待提升

在指标处理与选择方面有所欠缺，比如技术开发经费支出占产品销售收入比例是重要的投入指标，但因为官方数据收集困难，故选择其他指标替代。

第三节　研究展望

提升创新效率是实现技术创新的有效途径，也是值得深入探讨的学术热点。本书将创新价值链理论模型运用于高新技术产业创新效率问题研究，虽然为创新效率的研究提供了新的角度，但是在以下方面还可以尝试开展更深入研究。

第一，深入分析创新价值链理论模型。是否还能扩展并完善创新价值链理论模型，以获得针对性更强的研究结论，这需要接下来进一步分析探讨。

第二，提炼指标与数据。考虑到创新效率研究过程复杂多变，再加上评价方法及数理工具多样，本书中指标的构建与处理难免出现疏漏，数据也仅采用高新技术上市企业数据进行分析，得到相同方法下的不同结果。因此未来研究中，期待延续对高新技术产业各个企业层面的全面研究并增加国际横向比较研究，综合探讨高新技术产业创新效率问题，得出战略性结论。

第三，尝试新的研究方法。本书对高新技术产业的效率评价采用

第七章 结论及研究展望

DEA 数据包络分析、皮尔森相关系数法和多元线性回归分析方法，准确度缺乏可比性，期待在下一步的研究中找寻新方法评价创新效率并进行对比，以期找到最好的研究方法，得到最科学的评价结果。

附录　原始数据表

附表1　各行业科技成果商品化产出环节的原始数据（2017—2022年均值）

行业	投入				商品化产出	
	专利申请数量（件）	新产品开发数量（项）	新产品开发经费支出（万元）	引进技术费用支出（万元）	新产品产值（万元）	高新技术产业总产值（万元）
DMU₁	16020	22106	4279485	4059088	2527295342	288565342
DUM₂	6279	1980	1772021	1356589	34125711	72548911
DMU₃	97956	33649	19138167	14492710	783099352	868399325
DMU₄	12159	4057	1944643	1494166	194079482	258849482
DMU₅	24260	14430	2767238	2190169	104718464	115698464

附表2　各行业科技成果社会化产出环节的原始数据（2017—2022年均值）

行业	投入				社会化产出	
	新产品产值（万元）	高新技术产业总产值（万元）	销售费用（亿元）	新产品销售收入（万元）	新产品出口额（万元）	利润总额（万元）
DMU₁	2527295342	288565342	29600000	47362657	3725503	27173493
DUM₂	34125711	72548911	32400000	13801343	722034	1960584
DMU₃	783099352	868399325	20750000	267002580	123270151	43489095
DMU₄	194079482	258849482	23790000	54940528	35815657	6220703
DMU₅	104718464	115698464	3510000	21792583	2557796	9388093

附录 原始数据表

附表3 各区域科技成果产出环节原始数据（2017—2022年均值）

省份	创新要素投入				科技直接产出	
	研发人员全时当量（人/年）	研发经费内部支出（万元）	企业研发机构数量（个）	企业研发设备原值（万元）	专利申请数量（件）	新产品开发数量（项）
DMU$_1$	22344	1202250	212	1522312	7837	6489
DMU$_2$	29802	1072200	243	1519600	5184	6536
DMU$_3$	17401	481103	748	1319123	5771	6292
DMU$_4$	15732	118570	236	2785023	691	533
DMU$_5$	43681	2331270	281	21640000	4596	5974
DMU$_6$	5182	739894	266	317082	6323	2548
DMU$_7$	8328	141104	301	321027	1161	1214
DMU$_8$	85158	1247000	177	1171800	21725	3934
DMU$_9$	801152	10327900	7432	1098300	55022	35012
DMU$_{10}$	192500	5425600	2929	3453276	33578	29516
DMU$_{11}$	128075	3221422	3986	2491353	4219	2135
DMU$_{12}$	36151	1202753	865	1373652	8314	7015
DMU$_{13}$	44062	1474968	838	691298	4403	3589
DMU$_{14}$	49122	1760079	627	9118000	9775	6237
DMU$_{15}$	28905	714857	1290	1444300	4172	3988
DMU$_{16}$	58060	1235995	534	12294900	6035	5852
DMU$_{17}$	61482	2587503	652	2635298	8652	6403
DMU$_{18}$	19312	15205497	6553	40770700	35593	29117
DMU$_{19}$	13157	769189	617	498779	4613	4002
DMU$_{20}$	3325	32595	43	16986	941	500
DMU$_{21}$	16177	631893	176	979298	4703	2678
DMU$_{22}$	62756	3577596	486	2970530	5877	6012
DMU$_{23}$	9052	173964	242	94198	1454	686
DMU$_{24}$	28122	714720	453	973758	2159	3162
DMU$_{25}$	12578	458754	284	159565	1014	852

附表4 各区域科技成果商品化产出环节的原始数据（2017—2022年均值）

省份	投入 专利申请数量（件）	新产品开发数量（项）	新产品开发经费支出（万元）	引进技术费用支出（万元）	产出 新产品产值（万元）	高新技术产业总产值（万元）
DMU_1	7837	6546	18562585	269874	36636861	34920000
DMU_2	5184	6536	60257412	82600	58789650	48790000
DMU_3	5771	6292	1496754	818076	18992289	28992984
DMU_4	691	533	175117	84100	5241499	20145896
DMU_5	6632	5512	2130485	553611	37970000	37120000
DMU_6	6323	2548	1167919	268421	25375599	27842387
DMU_7	1161	1214	809856	359610	6581247	86603365
DMU_8	21725	3934	1616000	18200	9746200	65140500
DMU_9	55022	35012	7405232	265600	11858800	221928800
DMU_{10}	33578	29516	5723200	91400	146471100	198874400
DMU_{11}	4219	2135	3804400	41800	27408410	114541963
DMU_{12}	8314	7015	2845011	458782	46524181	56287583
DMU_{13}	4403	3589	1325789	254784	20868623	2689521
DMU_{14}	9775	6237	1722243	568741	90265000	191954442
DMU_{15}	4172	3988	1109821	36100	32464397	301458962
DMU_{16}	6035	5852	1283398	147979	17188200	298523654
DMU_{17}	8652	6403	3315134	89547	77685539	144770777
DMU_{18}	35593	29117	18310390	5863210	230562117	346666700
DMU_{19}	4613	4702	903957	5697	9057841	36338977
DMU_{20}	941	500	10600	250	1331000	22009800
DMU_{21}	4703	2678	599179	8976	18407088	66297066
DMU_{22}	5877	6012	1244896	93254	21698411	201458965
DMU_{23}	1454	686	194768	23587	3328153	31889720
DMU_{24}	2159	3162	743990	40152	3196981	13197099
DMU_{25}	1014	852	53780	41378	5871296	36545312

附录 原始数据表

附表5 各区域科技成果社会化产出环节的原始数据（2017—2022年均值）

省份	投入 新产品产值（万元）	投入 高新技术产业总产值（万元）	投入 销售费用（亿元）	投入 新产品销售收入（万元）	产出 新产品出口额（万元）	产出 利润总额（万元）
DMU_1	16636861	34920000	625	15978092	1400824	26300003
DMU_2	24789650	48790000	473	57277700	1996003	59985997
DMU_3	18992289	28992984	423	19984871	22881883	23587413
DMU_4	5241499	20145896	489	1633687	24506	2896521
DMU_5	37970000	37120000	513	3954011	374585	5230048
DMU_6	25375599	27842387	287	26762144	284571	2348756
DMU_7	6581247	86603365	396	30918983	204189	2441817
DMU_8	9746200	65140500	985	9705900	4487000	3023400
DMU_9	11858800	221928800	2601	210126820	7125457	28944300
DMU_{10}	146471100	198874400	983	132522700	26611700	86247103
DMU_{11}	27408410	31121924	545	28822307	466722	34306132
DMU_{12}	46524181	56287583	411	49851214	112680	32128123
DMU_{13}	20868623	2689521	554	24875452	1658471	10254178
DMU_{14}	90265000	191954442	967	43923344	24088323	102121000
DMU_{15}	32464397	301458962	692	33788979	28570500	6794000
DMU_{16}	17188200	298523654	483	25833769	1550284	12785693
DMU_{17}	77685539	144770777	369	73497969	4732729	5982265
DMU_{18}	180562117	201153042	2508	190732459	17130211	20341400
DMU_{19}	9057841	36338977	265	26145798	1402145	2403321
DMU_{20}	1402563	22009800	32	1331000	154000	1036099
DMU_{21}	18407088	66297066	362	18047046	9818301	3191789
DMU_{22}	21698411	201458965	492	23587452	1345871	14470500
DMU_{23}	3028514	31889720	123	3328153	15081	5213000
DMU_{24}	3196981	13197099	196	3305515	285412	16019214
DMU_{25}	5871296	36545312	86	5724612	507200	2797365

参考文献

一 中文文献

（一）专著

[奥] 庞巴维克：《资本实证论》，陈端译，商务印书馆2012年版。

[美] 约瑟夫·熊彼得：《资本主义、社会主义与民主》，吴良健译，商务印书馆1999年版。

[英] 克利斯·弗里曼、罗克·苏特：《工业创新经济学》，华宏勋、华宏慈等译，北京大学出版社2004年版。

[英] 亚当·斯密：《国富论》（上），贾拥民译，中国人民大学出版社2016年版。

陈劲：《技术创新管理》，科学出版社2022年版。

郭励弘、张承惠、李志军：《高新技术产业：发展规律与风险投资》，中国发展出版社2000年版。

贾品荣：《创新驱动高精尖产业研究》，经济科学出版社2023年版。

柳卸林：《企业技术创新管理》，科学技术文献出版社1997年版。

魏权龄：《评价相对有效性的DEA方法——运筹学的新领域》，中国人民大学出版社2012年版。

庄卫民、龚仰军主编：《产业技术创新》，东方出版中心2005年版。

(二) 期刊论文

陈伟、景锐、张慧泉、侯建：《东北地区大中型工业企业技术创新效率评价——基于 DEA-Malmquist 指数方法》，《华东经济管理》2017年第2期。

王亚飞、申庆元、姚琛：《中国装备制造产业创新网络运行效率及提升策略研究》，《区域经济评论》2020年第2期。

安博文、许培源、王东：《中国高技术产业创新效率的时空分异与收敛机制》，《江汉学术》2024年第3期。

边明英、孙虹：《天津市制造业技术创新能力研究》，《经济体制改革》2016年第2期。

曹文虎：《基于 DEA 的高新技术产业创新效率研究——以西部地区为例》，《当代经济》2014年第5期。

柴华奇、宋德强、刘永振：《中国区域高技术产业技术创新效率测度研究》，《情报杂志》2010年第8期。

苌千里、徐蕾：《高技术产业、资本类型与企业创新效率——基于三阶段 DEA 模型的实证研究》，《河南师范大学学报》(哲学社会科学版) 2018年第3期。

陈光宇、何菊芳、王瑞琦、苏枭凌：《基于系统动力学与 DEA 的企业技术创新项目效率评价方法研究》，《工业技术经济》2016年第4期。

陈恒、何平、徐睿姝、张长孝：《基于 DEA-Malmquist 指数的医药企业技术创新效率评价》，《科技管理研究》2017年第9期。

陈建丽、孟令杰、姜彩楼：《两阶段视角下高技术产业技术创新效率及影响因素研究》，《数学的实践与认识》2014年第4期。

陈金亮、王玉、贾涛：《创新价值链视角下的供应商搜索与企业绩效》,《科研管理》2017年第S1期。

陈劲、景劲松、周笑磊:《我国企业R&D国际化的影响因素分析》,《科学学研究》2003年第1期。

陈凯华、官建成、寇明婷:《中国高技术产业"高产出、低效益"的症结与对策研究——基于技术创新效率角度的探索》,《管理评论》2012年第4期。

陈骑兵、马铁丰:《基于DEA交叉评价的四川省高技术产业技术创新效率动态研究》,《科技管理研究》2012年第16期。

陈四辉、王亚新:《我国高新技术产业省区差异与投入绩效实证研究》,《经济地理》2015年第2期。

陈伟、张长孝、李传云、冯志军:《基于DEA-Malmquist指数的高新技术产业技术创新效率评价研究》,《科技管理研究》2017年第23期。

成力为、孙玮、王九云:《要素市场不完全视角下的高技术产业创新效率——基于三阶段DEA-Windows的内外资配置效率和规模效率比较》,《科学学研究》2011年第6期。

程广斌、赵川、李祐:《中国高技术产业创新效率的地区差异及动态演进》,《统计与决策》2023年第2期。

程萍、赵玉林:《湖北省高技术产业创新效率实证分析》,《中南财经政法大学学报》2014年第4期。

程时雄、刘树家:《长江经济带知识产权保护与城市绿色技术创新效率——基于创新价值链视角的空间效应分析》,《中国地质大学学报》(社会科学版)2024年第3期。

池仁勇、唐根年:《基于投入与绩效评价的区域技术创新效率研究》,《科研管理》2004年第4期。

崔静静、程郁：《基于创新价值链视角的企业创新绩效评估》，《软科学》2015 年第 11 期。

戴魁早：《垂直专业化对中国高技术产业创新效率的影响——基于动态面板 GMM 方法的实证检验》，《研究与发展管理》2013 年第 3 期。

党国英、秦开强、蔡华：《技术差距、知识产权保护与高技术产业技术创新效率》，《商业研究》2015 年第 8 期。

党子悦、项彦琳、谈维等：《基于产业集群视角的我国生物医药产业技术创新效率分析》，《中国医药工业杂志》2024 年第 6 期。

董会忠、曹正旭、张仁杰：《中国高技术产业两阶段绿色创新效率及影响因素识别》，《统计与决策》2022 年第 6 期。

董艳梅、朱英明：《中国高技术产业创新效率评价——基于两阶段动态网络 DEA 模型》，《科技进步与对策》2015 年第 24 期。

杜鹤丽、李海萍：《浙江省高技术产业创新：效率评价与差异分析——基于 DEA 方法》，《经济研究参考》2015 年第 57 期。

杜莉、王梓琦：《数字金融发展是否提升了中国高技术产业技术创新效率？——基于空间计量模型的分析》，《社会科学战线》2022 年第 9 期。

杜震、秦旭：《高技术产业创新投入配置对创新效率影响分析》，《工业技术经济》2013 年第 4 期。

段万春、孙新乐、许成磊、王玉华、王鼎：《层式创新团队结构效率评价内涵与方法研究》，《科技进步与对策》2016 年第 19 期。

范德成、李盛楠：《考虑空间效应的高技术产业技术创新效率研究》，《科学学研究》2018 年第 5 期。

范允奇、李晓钟：《政府 R&D 投入、空间外溢与我国高技术产业技术创新效率》,《工业技术经济》2014 年第 5 期。

范允奇、徐玉生:《腐败、政府 R&D 投入与高技术产业技术创新效率》,《财贸研究》2014 年第 6 期。

范允奇、周方召:《我国高技术产业技术创新效率影响因素及区域联动效应研究》,《科技管理研究》2014 年第 21 期。

范震:《创新价值链视角下中国"十三五"期间地区高校科技创新效率评价研究》,《科技与创新》2024 年第 13 期。

冯莎:《我国高技术产业创新效率评价研究》,《调研世界》2019 年第 9 期。

冯晓莉、孙煌:《基于 DEA 方法的我国高技术产业创新效率研究》,《西安邮电学院学报》2012 年第 S1 期。

冯旭、王凡:《组态视角下高技术产业创新效率提升路径研究——一项模糊集定性比较分析》,《科技进步与对策》2021 年第 11 期。

冯志军、陈伟:《中国高技术产业研发创新效率研究——基于资源约束型两阶段 DEA 模型的新视角》,《系统工程理论与实践》2014 年第 5 期。

冯志军、朱建新:《我国区域科技创新二阶段效率评价及策略研究》,《科技进步与对策》2011 年第 3 期。

傅为忠、朱艳卿、王灿:《基于 DEA 改进模型的高新技术产业创新绩效评价实证研究》,《科技管理研究》2015 年第 14 期。

高小宁、欧光军、蔡姝莎、卞亚男:《生物医药产业创新效率评价及提升路径研究——以湖北省为例》,《科技管理研究》2018 年第 14 期。

高晓光:《我国高技术产业创新效率的时间演变与地区分布特征》,《产经评论》2015 年第 5 期。

高新才、朱泽钢：《资源依赖与高技术产业技术创新效率——基于SFA与中介变量法的研究》，《西北大学学报》（哲学社会科学版）2017年第1期。

高阳、张蒙蒙、游达明：《基于城市视角下新能源汽车产业技术创新效率评价》，《工业技术经济》2016年第3期。

葛雅芬、阮娴静、郑莉：《带量采购政策实施前后医药制造业技术创新效率比较研究——基于DEA-Malmquist指数的实证分析》，《广东药科大学学报》2023年第3期。

古利平、张宗益、康继军：《专利与R&D资源：中国创新的投入产出分析》，《管理工程学报》2006年第1期。

关丽、苏建军：《中原城市群高新技术产业创新效率评价研究》，《技术与创新管理》2021年第1期。

官建成、何颖：《基于DEA方法的区域创新系统的评价》，《科学学研究》2005年第2期。

官建成、刘顺忠：《区域创新机构对创新绩效影响的研究》，《科学学研究》2003年第2期。

郭雅琼、韩志非、刘亚芬：《高技术产业集聚、要素市场分割与绿色创新效率》，《技术经济与管理研究》2023年第11期。

韩松、王稳：《几种技术效率测量方法的比较研究》，《中国软科学》2004年第4期。

韩颖、徐佩川、梅开：《DEA方法在我国工业部分产业技术创新效率评价中的应用》，《技术经济》2007年第9期。

郝金磊、姜诗尧：《西部地区高新技术企业创新效率研究》，《西安电子科技大学学报》（社会科学版）2015年第5期。

何培育、孙玲：《政府补助对专利密集型企业技术创新效率的影响——基于两阶段技术创新过程的视角》,《科技管理研究》2023年第22期。

何郁冰、张思、林婷:《中国高技术产业创新生态系统效率测度及提升路径研究》,《系统工程理论与实践》2024年第2期。

贺子欣、惠宁:《要素市场扭曲抑制了绿色创新效率提升吗——高技术产业集聚的调节效应》,《科技进步与对策》2022年第21期。

胡艳、周玲玉:《长江经济带高新技术产业创新效率及其影响因素研究》,《工业技术经济》2018年第6期。

胡振华、杨琼:《创新驱动的双重路径与后发赶超——基于技术经济范式演化视角的分析》,《学习与实践》2014年第5期。

贾建锋、刘伟鹏、杜运周、赵若男、蒋金鑫:《制度组态视角下绿色技术创新效率提升的多元路径》,《南开管理评论》2024年第2期。

贾军、张卓:《中国高技术产业技术创新与能源效率协同发展实证研究》,《中国人口·资源与环境》2013年第2期。

金晓丽、仇武超:《基于创新效率的我国高技术产业创新动态能力分析》,《经济论坛》2013年第10期。

金余泉、韩东林:《安徽省高技术产业技术创新效率研究——基于DEA模型》,《技术经济》2010年第11期。

康淑娟:《行业异质性视角下高技术产业创新价值链效率测度——基于SFA修正的三阶段DEA模型的实证研究》,《科技管理研究》2017年第6期。

柯颖、何根源、刘昱影:《逆向外包能提升中国半导体产业创新效率吗》,《科技进步与对策》2021年第6期。

寇小萱、王双进、孙艳丽:《基于数据包络分析的天津高技术产业科技创新资源配置研究》,《天津商业大学学报》2016年第6期。

兰飞、田琳：《产权异质视角下高新技术企业创新效率评价》，《会计之友》2014年第11期。

类骁、武嘉祎、韩伯棠：《高技术产业集聚视域下对外直接投资的绿色创新异质溢出效应研究》，《生态经济》2022年第11期。

冷松、俞立平、吴思慈：《高技术产业创新效率时空演变及与经济增长耦合研究》，《科技管理研究》2022年第21期。

李海东、马威：《投入端视角下高技术产业技术创新效率影响因素研究》，《科技管理研究》2014年第10期。

李红锦、李胜会：《战略性新兴产业创新效率评价研究——LED产业的实证分析》，《中央财经大学学报》2013年第4期。

李健、张杰、许翘楚：《京津冀高新技术企业创新效率评价及效率提升路径》，《科技管理研究》2020年第12期。

李将军、韩圣玥、付涛、梁睿：《我国高端装备制造企业技术创新效率研究——基于三阶段DEA模型的分析》，《价格理论与实践》2022年第7期。

李将军、韩圣玥、秦颖：《营商环境对企业技术创新效率影响的实证——以高端装备制造业为例》，《统计与决策》2023年第9期。

李丽琴：《财政分权对绿色技术创新效率影响的"本地—邻地"效应——基于我国30个省份2009—2019年面板数据的实证分析》，《行政论坛》2023年第3期。

李林子、傅泽强、李雯香：《基于创新价值链的我国环保产业技术创新效率评价》，《科技管理研究》2019年第13期。

李宁、张佩琪、徐可、顾明华：《基于偏好多阶段DEA模型的高技术产业区域创新绩效评价研究》，《工业技术经济》2017年第2期。

李向东、李南、季庆庆：《中国高技术产业创新效率区域差异变动趋势》,《南京理工大学学报(自然科学版)》2014年第4期。

李晓梅:《技术体制与本土高技术产业经济效率研究》,《工业技术经济》2013年第2期。

李晓梅:《中国高技术产业区域经济效率实证研究》,《技术经济与管理研究》2013年第2期。

李晓钟、张小蒂:《江浙区域技术创新效率比较分析》,《中国工业经济》2005年第7期。

连燕华、徐颖、郑奕荣:《国家技术创新投入产出的宏观计量方法研究》,《研究与发展管理》2005年第6期。

梁莱歆、张永榜:《我国高新技术企业R&D投入与绩效现状调查分析》,《研究与发展管理》2006年第1期。

梁娜、姚长青、高影繁:《基于DEA方法的环保行业上市企业创新效率评价》,《科技管理研究》2019年第5期。

林寿富、王谦、管河山:《中国工业企业绿色技术创新效率的动态评价》,《统计与决策》2023年第16期。

林志扬、从奎:《中国省际高技术产业创新效率分析——基于DEA-Malmquist指数》,《生产力研究》2014年第2期。

凌飞、胡登峰:《中国人工智能产业技术创新效率评价分析——基于DEA和Malmquist指数模型》,《湖北文理学院学报》2020年第8期。

刘斌斌、左勇华:《资金来源、创新模式对高新技术产业创新绩效影响研究——以江西省为例》,《江西社会科学》2016年第7期。

刘成杰、冯婷、高兴波:《"新基建"影响高新技术产业技术创新效率机制模型探讨及其实证检验》,《中央财经大学学报》2024年第2期。

刘川：《我国高技术产业研发创新效率研究——基于三阶段 DEA 方法》，《工业技术经济》2012 年第 12 期。

刘丹、黄珺涵、郑宇婷：《我国物流上市企业技术创新效率影响机制——基于政府补贴和股权集中度的门槛视角》，《科技管理研究》2023 年第 24 期。

刘芳：《河南高技术产业技术创新效率分析——基于 DEA-Malmquist 指数方法》，《河南工程学院学报》（社会科学版）2011 年第 4 期。

刘凤朝、张娜、赵良仕：《东北三省高技术制造产业创新效率评价研究——基于两阶段网络 DEA 模型的分析》，《管理评论》2020 年第 4 期。

刘和东、雷纶源：《区域创新的商业化绩效研究——以高新技术产业为对象的实证分析》，《企业经济》2016 年第 6 期。

刘和东、梁东黎、耿修林：《技术创新绩效的"南北差异"分析——以我国西南和西北地区为对象的实证研究》，《经济体制改革》2003 年第 4 期。

刘虹：《数字普惠金融、高技术产业集聚与绿色创新效率》，《武汉金融》2023 年第 12 期。

刘锦志、朱送花：《区域专利密集型产业技术创新效率评价研究——以湖南省为例》，《全国流通经济》2021 年第 1 期。

刘满凤、李圣宏：《基于三阶段 DEA 模型的我国高新技术开发区创新效率研究》，《管理评论》2016 年第 1 期。

刘美、刘亚芬：《财政补贴、产业结构转型升级与高新技术产业创新效率》，《管理现代化》2023 年第 5 期。

刘启雷、张鹏、杨佩卿、雷雨嫣：《数字赋能对制造业技术创新效率的影响》，《统计与决策》2023 年第 23 期。

刘树林、姜新蓬、余谦：《中国高技术产业技术创新三阶段特征及其演变》，《数量经济技术经济研究》2015年第7期。

刘伟：《基于Bootstrap-Malmquist指数的高新技术产业技术创新效率分析》，《经济学动态》2013年第3期。

刘伟：《我国高技术产业技术创新效率测算及地区差异分析——基于非导向的SBM模型》，《工业经济论坛》2017年第1期。

刘伟、李星星：《中国高新技术产业技术创新效率的区域差异分析——基于三阶段DEA模型与Bootstrap方法》，《财经问题研究》2013年第8期。

刘耀彬、王启仿、宋学锋：《转型时期中国区域技术创新能力评价与分析》，《科技进步与对策》2004年第9期。

刘迎春：《辽宁高技术产业技术创新三阶段特征及其演变——基于DEA方法的分析》，《东北财经大学学报》2016年第3期。

刘友金：《集群式创新与创新能力集成——一个培育中小企业自主创新能力的战略新视角》，《中国工业经济》2006年第11期。

刘源、温作民：《中国绿色低碳技术创新效率测度及空间溢出效应——基于"双碳"目标视角》，《生态经济》2023年第12期。

刘志东、惠诗濛、荆中博：《"一带一路"倡议下省际对外直接投资能提升技术创新效率吗？——基于中国全球投资追踪数据的实证检验》，《管理评论》2023年第11期。

刘忠敏、谢文杰、刘泓润：《技术创新、产业集聚对能源生态效率影响研究》，《价格理论与实践》2023年第5期。

刘作义、陈晓田：《科学研究评价的性质、作用、方法及程序》，《科研管理》2002年第2期。

鲁志国、孟霏：《基于三阶段DEA模型的战略性新兴产业技术创新效率测算》,《统计与决策》2022年第8期。

陆杉、李雯:《技术创新对能源利用效率影响的空间效应与机制——基于中国278个地级以上城市的面板数据》,《中南大学学报》(社会科学版)2024年第2期。

吕佳、陈万明:《基于DEA Malmquist指数的我国高技术产业创新效率分析》,《南通大学学报》(社会科学版)2015年第4期。

罗鄂湘、聂希冉:《政府研发补贴、知识产权保护与高技术产业创新效率——基于门槛效应的实证分析》,《经济论坛》2023年第10期。

罗胜:《我国高新技术产业技术创新的资金效率实证研究》,《学术论坛》2014年第3期。

罗小芳、范新垒:《我国高技术产业技术创新路径与效率实证分析》,《湖北经济学院学报》2016年第3期。

罗雨泽、罗来军、陈衍泰:《高新技术产业TFP由何而定?——基于微观数据的实证分析》,《管理世界》2016年第2期。

马家喜、仲伟俊、梅姝娥:《企业技术创新组织模式选择范式研究》,《科学学与科学技术管理》2008年第5期。

马毅、左小明、李迟芳:《高新技术中小企业知识产权集群互助担保融资研究——基于集群创新网络与融资创新视角》,《金融理论与实践》2016年第3期。

马有才、崔兆兵:《研发人才流动、政府支持对高技术产业技术创新效率的影响研究》,《生产力研究》2024年第7期。

马昱、张永安、高瑀:《医药制造业科技投入与技术创新关系研究——基于京津冀医药制造业协同发展战略的思考》,《价格理论与实践》2016年第12期。

马宗国、丁晨辉:《"一带一路"倡议下区域高新技术产业协同创新研究》,《经济体制改革》2019年第1期。

孟霏、鲁志国、高鄰彤:《中国战略性新兴产业技术创新效率时空演化及驱动因素分析》,《统计与决策》2023年第16期。

穆楠、李星、吴婷:《我国战略性新兴产业绿色技术创新效率的区域差异及其影响因素分析》,《生态经济》2023年第5期。

潘浩、娄渊雨、陈晓雷、杨国梁、关忠诚:《基于三阶段共享互馈网络DEA的知识创新效率评价》,《系统科学与数学》2024年第9期。

彭峰、李燕萍:《本土技术转移对高技术产业创新效率的影响》,《科技进步与对策》2015年第23期。

彭峰、周淑贞:《环境规制下本土技术转移与我国高技术产业创新效率》,《科技进步与对策》2017年第22期。

戚宏亮、王翔宇:《黑龙江高技术产业技术创新效率评价》,《科技管理研究》2013年第3期。

戚湧、刘军:《长江经济带高技术产业创新效率评价及实证研究》,《科技管理研究》2017年第17期。

钱燕云:《企业技术创新效率和有效性的综合评价研究》,《科技管理研究》2004年第1期。

邵云飞、唐小我、陈光:《我国技术创新研究综述》,《电子科技大学学报》(社科版)2002年第1期。

邵运飞、唐小我:《中国区域技术创新能力的主成份实证研究》,《管理工程学报》2005年第3期。

申嫦娥、王红艳:《基于创新价值链模型的创新效应研究》,《开发研究》2012年第1期。

沈俊鑫、张超颖、李晶：《中国高技术产业科技创新效率评价研究——基于三阶段超效率 DEA 模型》，《江苏商论》2023 年第 12 期。

时鹏将、许晓雯、蔡虹：《R&D 投入产出效率的 DEA 分析》，《科学学与科学技术管理》2004 年第 1 期。

司颖洁、李姚矿：《风险投资对高技术产业技术创新的作用研究——基于 DEA 模型的实证分析》，《科技管理研究》2017 年第 12 期。

宋跃刚、张欣：《中国高技术产业创新效率测度》，《统计与决策》2022 年第 10 期。

苏耀华、李全：《中国高技术产业创新效率的时空演变特征》，《统计与决策》2024 年第 9 期。

孙红兵、向刚：《基于 DEA 的城市创新系统创新效率评价分析》，《科技进步与对策》2011 年第 12 期。

孙全胜：《数字经济赋能企业绿色技术创新效率提升的三种模式》，《科学管理研究》2024 年第 1 期。

唐福国、陈光：《我国技术创新能力的地区差异分析：框架、指标与评价》，《研究与发展管理》2001 年第 5 期。

唐天伟、朱凯文、刘远辉：《地方政府竞争、"双碳"目标压力与绿色技术创新效率》，《经济经纬》2023 年第 5 期。

田刚、李南：《中国物流业技术进步与技术效率研究》，《数量经济技术经济研究》2009 年第 2 期。

王滨：《FDI 技术溢出、技术进步与技术效率——基于中国制造业 1999—2007 年面板数据的经验研究》，《数量经济技术经济研究》2010 年第 2 期。

王成东、焦慧、王琛、SARAH Yvonne Cooper：《技术创新效率曲线、产业异质性与创新路径选择：基于二元创新视角与高端装备制造业的实证研究》，《中国软科学》2023年第2期。

王东、曹建飞：《绿色技术创新效率的区域差异及影响因素》，《统计与决策》2024年第12期。

王东、罗红云：《中国绿色创新效率空间关联网络特征及其驱动因素研究》，《生态经济》2024年第7期。

王海花、王莹、李雅洁等：《长三角区域高技术产业科技创新效率评价研究——基于共享投入的三阶段网络DEA模型》，《华东经济管理》2022年第7期。

王恒田、杨晓龙：《中国光伏产业创新效率测评及提升路径研究》，《科学管理研究》2021年第3期。

王家庭、赵亮：《我国财产保险业的经营效率测度及提升的实证研究》，《数量经济技术经济研究》2010年第3期。

王嘉丽、赵杭莉、张夏恒：《创新链视角下中国高技术产业创新效率研究》，《技术经济与管理研究》2022年第2期。

王军、杨惠馨：《2006—2008年中国省际高技术产业效率实证研究》，《统计研究》2010年第12期。

王俊豪、谢倩莹、史丹：《绿色技术创新对能源效率的影响研究》，《财贸经济》2024年第6期。

王俊涛、张建辉：《基于CCA-DEA的山西省高新技术产业技术创新效率评价及资源配置研究》，《科技管理研究》2014年第3期。

王黎萤、王佳敏、虞微佳：《区域专利密集型产业创新效率评价及提升路径研究——以浙江省为例》，《科研管理》2017年第3期。

王立斌：《提高江苏高技术产业技术创新效率的策略分析》，《中国商论》2015年第28期。

王丽、魏煜：《企业效率研究方法比较》，《预测》1999年第5期。

王丽平、周龙：《京津冀高技术产业技术创新效率评价及资源配置研究》，《科技管理研究》2016年第8期。

王敏、辜胜阻：《中国高技术产业技术创新能力的实证分析》，《中国科技论坛》2015年第3期。

王谦、林寿富、管河山：《中国高技术产业有效技术创新：机理分析与效率评价》，《南华大学学报》（社会科学版）2024年第5期。

王青、李想：《装备制造业技术创新效率评估与创新驱动路径研究》，《科技管理研究》2017年第3期。

王全佳、徐文：《基于三阶段数据包络分析的生物医药上市企业创新效率评价》，《医药导报》2024年第2期。

王韶华、林小莹、张伟、李庆怡：《绿色信贷对中国工业绿色技术创新效率的影响研究》，《统计与信息论坛》2023年第4期。

王伟：《基于改进DEA的中国高技术产业技术创新效率研究》，《科技进步与对策》2011年第17期。

王伟、邓伟平：《高技术产业三阶段创新效率及其影响因素分析——基于EBM模型和Tobit模型》，《软科学》2017年第11期。

王伟光：《中国工业行业技术创新效率的实证研究（1990—1999）》，《沈阳师范大学学报》（社会科学版）2003年第1期。

王文成、隋苑：《生产性服务业和高技术产业协同集聚对区域创新效率的空间效应研究》，《管理学报》2022年第5期。

王晓红、王雪峰、翟爱梅、冯英浚：《具有边际收益递增特性的DEA模型求解方法》，《哈尔滨工业大学学报》2004年第10期。

王晓红、王雪峰、翟爱梅、冯英浚：《具有边际收益递增特性的数据包络分析模型》，《上海交通大学学报》2005年第3期。

王玉霞、蒋伏心：《科技资源配置效率视角下区域自主创新能力的制约因素和提升路径——以苏南为例》，《经济问题》2010年第5期。

王振宏、邹树梁：《基于DEA的湖南高技术产业技术创新效率研究》，《南华大学学报》（社会科学版）2012年第2期。

魏楚、杜立民、沈满洪：《中国能否实现节能减排目标：基于DEA方法的评价与模拟》，《世界经济》2010年第3期。

魏方庆、储军飞、杨锋：《基于双目标DEA模型的中国省级高技术产业的创新效率评价》，《运筹与管理》2024年第4期。

魏洁云、江可申、李雪冬：《我国高技术产业研发效率分析》，《科技进步与对策》2012年第24期。

魏权龄、庞立永：《链式网络DEA模型》，《数学的实践与认识》2010年第1期。

温如春、狄强：《中部地区高技术产业技术创新效率的比较研究》，《武汉工业学院学报》2011年第4期。

吴铽铽、谭庆、项桂娥：《长三角区域高技术产业技术创新效率评价与影响因素研究》，《黑龙江工业学院学报》（综合版）2023年第8期。

吴昊：《我国企业创新效率评价与提升路径研究——基于AHP与随机前沿模型》，《经济界》2014年第4期。

吴昊、李育冬：《我国企业创新效率评价与提升路径研究》，《金融发展研究》2014年第6期。

吴卫红、刘佳、张爱美、李娜娜、王建英：《基于DEA-Malmquist指数方法的能源产业技术创新效率实证分析》，《生态经济》2016年第6期。

吴卫红、王阳阳、张爱美：《北京市高技术产业技术创新效率评价》，

《云南财经大学学报》2014年第2期。

肖利平、蒋忱璐：《高技术产业技术创新效率的阶段性特征及其动态演变》，《商业研究》2017年第10期。

肖仁桥、钱丽、陈忠卫：《中国高技术产业创新效率及其影响因素研究》，《管理科学》2012年第5期。

肖泽磊、封思贤、韩顺法：《我国高技术产业两阶段效率的测算及其提升路径分析——基于改进SBM方向性距离函数的实证》，《产业经济研究》2012年第4期。

谢洪军、任玉珑：《技术效率研究中的前沿分析方法及其比较》，《科技管理研究》2006年第8期。

辛璐璐：《数字产业集聚、颠覆式技术创新与城市绿色经济效率》，《学习与实践》2023年第10期。

徐超、严焰：《基于超效率DEA模型的中国高技术产业创新资源配置效率评价》，《科技与经济》2012年第2期。

薛娜、赵曙东：《基于DEA的高技术产业创新效率评价——以江苏省为例》，《南京社会科学》2007年第5期。

薛阳、秦金山、王健康、冯银虎：《中国高技术产业创新效率时空演变研究》，《统计与决策》2022年第18期。

杨锋、夏琼、梁樑、吴华清：《测量要素折扣对企业规模效率的贡献：基于DEA的研究》，《中国管理科学》2010年第4期。

杨林、徐臣午、万宁：《基于DEA模型的江苏省各市高新技术产业R&D效率评价与对策》，《南京财经大学学报》2015年第6期。

杨柳、唐亮东：《大数据视角下我国蔗糖产业技术创新效率评价及其创新效率提升策略》，《现代工业经济和信息化》2024年第5期。

杨鹏、尹志锋、孙宝文：《企业数字技术应用与创新效率提升》，《外国经济与管理》2024年第11期。

杨亦民、刘若兰：《基于DEA模型对我国化工业生态效率的分析——以BCC模型和CCR模型为例》，《现代化工》2015年第11期。

姚晓芳、常晓娜：《基于DEA的合肥市创新型企业创新效率评价研究》，《情报科学》2011年第9期。

叶文锦：《高技术产业技术创新效率的国际比较》，《北方经济》2012年第18期。

易明、彭甲超、俞艳霞：《我国高新技术产业技术创新效率评价及提升对策研究》，《宏观经济研究》2017年第11期。

易伟明、刘满凤：《区域创新系统创新绩效分析与评价》，《科技进步与对策》2005年第3期。

尹伟华：《基于网络SBM模型的区域高技术产业技术创新效率评价研究》，《情报杂志》2012年第5期。

尹伟华：《中国区域高技术产业技术创新效率评价研究——基于客观加权的网络SBM模型》，《统计与信息论坛》2012年第8期。

于成永、施建军：《外部学习、技术创新与企业绩效：机制与路径——基于苏浙沪等地制造企业的实证研究》，《经济管理》2009年第1期。

余佩琨、林水山：《基于分形理论的中国区域创新绩效研究》，《技术经济与管理研究》2005年第4期。

宇文晶、马丽华、李海霞：《基于两阶段串联DEA的区域高技术产业创新效率及影响因素研究》，《研究与发展管理》2015年第3期。

喻春娇、庄笑语：《技术资源寻求型跨国并购对中国企业创新效率的影响——基于中国A股上市公司数据的研究》，《科技管理研究》2023年第9期。

袁徽文、高波：《数字经济发展与高技术产业创新效率提升——基于中国省级面板数据的实证检验》，《科技进步与对策》2022年第10期。

袁朋伟、董晓庆：《黄河流域工业绿色技术创新效率的时空差异与成因识别研究》，《济南大学学报》（社会科学版）2023年第5期。

袁雪：《北京市高技术产业技术创新效率评价——基于DEA-Malmquist方法》，《中国商论》2015年第14期。

苑泽明、李田、王红：《科技型中小企业创新效率评价研究——基于科技金融政策投入视角》，《科技管理研究》2016年第16期。

张赤东、刘文婕、邱雨荷、谢雯：《数控机床上市公司技术创新效率评价及国家科技重大专项政策的影响分析——基于三阶段DEA模型和Malmquist生产率指数》，《科学学与科学技术管理》2024年第1期。

张高瀚、李威、许尚坤：《数字普惠金融对中国制造业企业技术创新效率影响》，《现代管理科学》2024年第2期。

张浩、毛家辉、汪天宇：《我国智能制造企业技术创新效率提升的主要影响因素——基于三阶段DEA-Tobit模型的分析》，《科技管理研究》2023年第22期。

张鸿、汪玉磊：《陕西省高技术产业技术创新效率及影响因素分析》，《陕西师范大学学报》（哲学社会科学版）2016年第5期。

张纪凤、王宏瑞、孙军：《双向FDI协调对绿色技术创新效率的影响——基于长三角市场一体化的中介效应》，《科技管理研究》2023年第9期。

张经强：《北京高技术产业技术创新效率评价——基于2001—2009年的经验分析》，《科技管理研究》2012年第20期。

张娟、黄志忠：《内部控制、技术创新和公司业绩——基于我国制造业上市公司的实证分析》，《经济管理》2016年第9期。

张立杰、梁锦凯：《我国丝绸之路经济带沿线省（市、区）高技术产业创新效率研究——基于DEA-Malmquist-Tobit方法》，《科技进步与对策》2019年第13期。

张明龙：《我国金融支持科技创新的效率评价——基于超效率DEA与Malmquist指数方法》，《金融发展研究》2015年第6期。

张清海、张良强：《基于DEA方法的省域高校科技创新效率评价与分析》，《技术与创新管理》2015年第3期。

张清华、郭淑芬、黄志健：《产业集聚对工业行业技术创新效率的影响测度研究》，《科学管理研究》2016年第3期。

张肃、封伟毅、许慧：《基于创新过程的高技术产业创新效率比较与关联研究》，《工业技术经济》2018年第3期。

张添、余伯阳：《我国战略性新兴产业创新系统效率评价研究——以医疗器械产业为例》，《江苏社会科学》2019年第3期。

张伟、肖钧馨：《中国创新型产业集群创新效率评价与空间格局分析》，《沧州师范学院学报》2024年第1期。

张小红、高乐：《青海省高新技术产业创新效率评价》，《现代商业》2020年第25期。

张晓彬、于渤：《基于皮尔森相关性分析和BP神经网络的北京城市雾霾治理对策》，《系统工程》2023年第2期。

张晓林、吴育华：《创新价值链及其有效运作的机制分析》，《大连理工大学学报》（社会科学版）2005年第3期。

张祎青：《我国高技术产业创新效率分析》，《现代商贸工业》2016年第9期。

张玉臣、李晓桐：《中国高新技术改造传统产业企业技术创新效率测算及其影响因素——基于超越对数随机前沿模型的实证分析》，《技术经济》2015 年第 3 期。

张运华、高晶：《中国高技术产业创新效率实证研究——基于面板随机效应 Tobit 模型的估计》，《江苏科技大学学报》（自然科学版）2014 年第 2 期。

张之光、白阳瑞、胡海青：《空间效应视角下信息技术投资对两阶段区域创新效率的影响机制研究》，《科技进步与对策》2023 年第 23 期。

赵奥、邵帅：《基于 DEA 模型簇的我国高技术产业技术创新效率测度研究》，《兰州商学院学报》2011 年第 2 期。

赵长轶、刘海月、邓金堂、张琴：《创新生态视角下对外技术引进与高技术产业创新效率关系》，《软科学》2023 年第 5 期。

赵付民、邹珊刚：《区域创新环境及对区域创新绩效的影响分析》，《统计与决策》2005 年第 7 期。

赵惠芳、祝珺、徐晟、李翔：《基于随机前沿法的我国高技术产业研发效率评价》，《合肥工业大学学报》（社会科学版）2011 年第 5 期。

赵捷、柳卸林：《从专利申请看我国技术创新之短》，《瞭望新闻周刊》1999 年第 47 期。

赵琳、范德成：《我国高技术产业技术创新效率的测度及动态演化分析——基于因子分析定权法的分析》，《科技进步与对策》2011 年第 11 期。

赵玲、黄昊：《企业数字化转型、高管信息技术特长与创新效率》，《云南财经大学学报》2023 年第 7 期。

赵巧芝、刘倬璇、崔和瑞：《中国高新技术产业技术创新效率测度及空间收敛研究》，《统计与决策》2023年第1期。

赵文平、杨海珍：《基于DEA的西部区域创新网络效率评价》，《科研管理》2016年第S1期。

赵喜仓、徐俊涛、张瑾：《镇江市高新技术产业的技术创新效率评价》，《科技管理研究》2014年第12期。

赵艳艳：《山西省高技术产业创新效率评价研究》，《企业科技与发展》2024年第4期。

赵玉林、刘超、潘毛毛：《R&D资源错配与绿色创新效率损失——基于中国高技术产业的实证分析》，《科技进步与对策》2022年第4期。

郑素丽、胡一鸣：《浙江省高技术产业创新效率评价与优化路径：基于双阶段DEA方法的实证研究》，《科技管理研究》2019年第5期。

智瑞芝、林永然：《基于DEA-AHP的浙江省高技术产业创新效率评价及影响因素研究》，《浙江理工大学学报》2015年第12期。

钟宝、周炜、曹浩：《我国高技术产业技术创新效率评价》，《黑龙江对外经贸》2010年第5期。

周娇、赵敏：《我国高新技术产业开发区创新效率及其影响因素的实证研究》，《科技管理研究》2014年第10期。

周雪蓉、涂建军：《区域创新环境对高新技术产业创新效率的影响研究》，《西南大学学报》（自然科学版）2015年第6期。

朱文兴、廖金萍：《我国稀有金属产业技术创新效率评价研究——基于30家稀有金属上市公司的实证检验》，《江西理工大学学报》2021年第6期。

庄涛、吴洪、胡春：《高技术产业产学研合作创新效率及其影响因素研究——基于三螺旋视角》，《财贸研究》2015 年第 1 期。

（三）学位论文

陈慧：《中国新能源上市企业技术创新效率及其影响因素研究》，硕士学位论文，内蒙古大学，2023 年。

陈靖：《建筑业技术创新效率评价及其影响因素研究》，硕士学位论文，华中科技大学，2023 年。

戴美琴：《创新价值链视角下金融结构对高技术产业技术创新效率的影响》，硕士学位论文，东北财经大学，2023 年。

丁晓莉：《数字金融对区域技术创新效率的影响研究》，硕士学位论文，湖南科技大学，2023 年。

董亚静：《融资方式对企业技术创新效率的影响研究——以浙江杭可科技股份有限公司为例》，硕士学位论文，河北金融学院，2023 年。

杜宇航：《创新价值链视角下专利密集型产业创新效率评价及影响因素研究》，硕士学位论文，哈尔滨工程大学，2023 年。

杜子欣：《高技术产业集聚对区域绿色技术创新效率的影响研究》，硕士学位论文，甘肃政法大学，2023 年。

冯婷：《"新基建"对高新技术产业创新效率的影响研究》，硕士学位论文，重庆工商大学，2023 年。

冯莹莹：《我国制造业绿色技术创新效率及影响因素分析——基于超效率 SBM-GML 模型》，硕士学位论文，中共广东省委党校，2023 年。

韩杰昊：《政策工具视角下高新技术产业创新效率区域差异及提升路径研究》，硕士学位论文，河北经贸大学，2023 年。

何芳：《核心技术人员股权激励、企业创新效率与企业财务绩效》，硕士学位论文，中国财政科学研究院，2023 年。

胡艳：《我国绿色金融对生态技术创新效率的影响研究》，硕士学位论文，扬州大学，2023年。

胡一鸣：《浙江省高技术产业创新效率评价和提升路径研究》，硕士学位论文，中国计量大学，2019年。

江腾：《中国工业绿色技术创新效率评价、空间特征及影响因素研究》，硕士学位论文，南昌大学，2023年。

蒋琳：《数字金融对制造业绿色技术创新效率的影响研究》，硕士学位论文，天津商业大学，2023年。

蒋选：《科技金融发展对高新技术产业创新效率的促进作用研究》，硕士学位论文，重庆理工大学，2024年。

李方：《政府补贴对高新技术产业创新效率影响研究》，硕士学位论文，中共广东省委党校，2023年。

李富强：《金融科技上市企业技术创新效率研究》，硕士学位论文，西南财经大学，2023年。

李嘉伟：《FDI质量对中国绿色技术创新效率的影响研究——基于要素禀赋差异视角》，硕士学位论文，海南大学，2023年。

李金宇：《OFDI逆向技术溢出对装备制造业绿色创新效率的影响研究》，硕士学位论文，大连海事大学，2023年。

李敬飞：《中国医药制造业的区域差异及其影响因素研究》，硕士学位论文，中国科学技术大学，2014年。

李松媛：《我国新能源汽车产业集聚对企业技术创新效率的影响研究》，硕士学位论文，东北财经大学，2023年。

刘凯丽：《创业板高技术企业技术创新效率对长期绩效的影响研究》，硕士学位论文，云南财经大学，2023年。

刘璐：《"营改增"政策对我国高新技术企业创新效率的影响研究》，

硕士学位论文，河南大学，2023年。

刘天朗：《新能源推广政策对汽车企业技术创新效率影响研究》，硕士学位论文，南昌大学，2023年。

刘婷：《税收优惠对新能源汽车企业技术创新效率的影响研究》，硕士学位论文，广东财经大学，2023年。

刘小莹：《长江经济带高技术产业创新效率评价及影响因素分析》，硕士学位论文，西南财经大学，2022年。

路傲然：《FDI对农业技术创新效率的影响研究》，硕士学位论文，华中农业大学，2023年。

罗文：《互联网产业创新系统及其效率评价研究》，博士学位论文，北京交通大学，2014年。

罗艳：《我国高新技术产业技术创新效率评价及其影响因素分析》，硕士学位论文，天津财经大学，2012年。

马云俊：《创新价值链视角下我国大中型工业制造企业创新效率评价》，博士学位论文，辽宁大学，2013年。

毛家辉：《智能制造企业技术创新效率及其影响因素研究》，硕士学位论文，江苏科技大学，2023年。

么雪静：《碳交易政策对工业绿色技术创新效率的影响——基于双重差分模型的实证研究》，硕士学位论文，重庆师范大学，2023年。

潘莉颖：《中国工业企业绿色技术创新效率评价及影响因素研究》，博士学位论文，哈尔滨工业大学，2021年。

石金慧：《数字创新对制造企业技术创新效率的影响研究》，硕士学位论文，昆明理工大学，2023年。

史佳凝：《环境规制对工业绿色技术创新效率的影响分析》，硕士学位论文，山东财经大学，2023年。

侍仪：《高新技术开发区技术创新效率评价研究》，硕士学位论文，安徽财经大学，2014年。

宋晗：《基于DEA的专精特新企业创新效率评价研究》，硕士学位论文，山东财经大学，2024年。

孙景翠：《中国农业技术创新资源配置研究》，博士学位论文，东北林业大学，2011年。

孙玲：《政府补助对专利密集型企业技术创新效率的影响研究》，硕士学位论文，重庆理工大学，2023年。

陶晶：《我国医药制造企业绿色技术创新效率测度及影响因素分析》，硕士学位论文，东华理工大学，2023年。

王大鹏：《中国电子产业创新能力及经济效率评价研究》，博士学位论文，天津大学，2010年。

王艺萱：《对外直接投资对中国绿色技术创新效率的影响研究》，硕士学位论文，东北财经大学，2023年。

王莹莹：《来自美国的进口竞争对我国制造业技术创新效率的影响及对策研究》，硕士学位论文，福建师范大学，2023年。

魏洪雨：《高新技术产业技术创新效率评价与实证研究》，硕士学位论文，华中师范大学，2011年。

魏珊珊：《营商环境对高技术产业技术创新效率的影响研究》，硕士学位论文，山西财经大学，2023年。

吴晓梅：《客户集中度对企业技术创新效率的影响研究——以计算机、通信和其他电子设备制造业为例》，硕士学位论文，辽宁大学，2023年。

肖满红：《风险投资、合作创新对高新技术企业创新效率的影响研究》，硕士学位论文，吉首大学，2023年。

许李娜：《科技金融对高新技术产业创新效率的影响研究》，硕士学位论文，山西财经大学，2023年。

许鑫熔：《数字化投入、技术创新效率与制造业国际竞争力》，硕士学位论文，南京财经大学，2023年。

闫嘉欢：《环境规制对陕西省能源产业绿色技术创新效率的影响研究》，硕士学位论文，西安理工大学，2023年。

严玉婷：《FDI对我国高技术制造业绿色技术创新效率的影响研究》，硕士学位论文，江西财经大学，2023年。

杨图南：《国家级高新技术产业开发区创新效率评价和影响因素分析》，硕士学位论文，广东财经大学，2023年。

杨子力：《创新价值链视角下汽车企业技术创新效率评价研究》，硕士学位论文，广西科技大学，2023年。

叶嘉栋：《基于含负改进两阶段DEA模型的中国高技术产业创新效率评价研究》，硕士学位论文，贵州大学，2022年。

张安：《内蒙古高新技术产业创新效率和能力测度与提升研究》，硕士学位论文，内蒙古师范大学，2023年。

张明雪：《产学研合作对高新技术企业创新效率影响研究》，硕士学位论文，华北水利水电大学，2023年。

张墨：《基于外部要素的高技术产业开放式创新效率评价研究》，博士学位论文，哈尔滨工业大学，2022年。

张晓娜：《中小型医药制造企业技术创新效率评价研究》，硕士学位论文，辽宁大学，2023年。

张雨：《西北地区农业技术创新效率提升研究》，硕士学位论文，延安大学，2023年。

张渊：《川渝地区国家级高新技术产业开发区创新效率提升研究》，硕士学位论文，重庆理工大学，2024 年。

章赛峰：《数字经济对制造业技术创新效率影响研究》，硕士学位论文，湖南大学，2023 年。

郑坚：《高技术产业技术创新效率评价的改进 DEA 方法研究》，博士学位论文，哈尔滨工业大学，2008 年。

周煜：《我国专利密集型产业技术创新效率及其影响因素研究》，硕士学位论文，重庆理工大学，2023 年。

朱钟市：《绿色金融对城市技术创新效率的影响——基于三大经济圈面板数据分析》，硕士学位论文，赣南师范大学，2023 年。

二 外文文献

Alain Y. L. Chong, Felix T. S. Chan, K. B. Ooi, J. J. Sim Can, "Malaysian Firms Improve Organizational Innovation Performance via SCM", *Industrial Management & Data Systems*, 2011（5）：1113-1120.

Andreia Filipa Soares Passos Cardoso, Marko Torkkeli, "Innovation in Footwear Companies-does It Pay off Journal of Engineering", *Design and Technology*, 2014（1）：121-129.

A. Charnes, W. W. Cooper, B. Golany, L. Seiford, "Foundation of Data Envelopment Analysis for Pareto-Koopmans Efficient Empirical Production Functions", *Journal of Econometrics（Netherlands）*, 1985, 30（1-2）：91-107.

A. Johnson, L. Mcginnis, "Outlier Detection in Two-stage Semi Parametric DEA Models", *European Journal of Operational Research*, 2008, 187（2）：113-125.

Benjamin T. Hazen, Terry Anthony Byrd, "Toward Creating Competitive

Advantage with Logistics Information Technology", *International Journal of Physical Distribution & Logistics Management*, 2012 (4): 421-428.

B. A. Lundvall, *National System of Innovation: Towards a Theory of Innovation and Interactive Learning*, London: Printer Publisher, 1992.

B. L. Lundvall, B. Johnson, E. S. Andersen, B. Dalum, National Systems of Production, "Innovation and Competence Building", *Research Policy*, 2002, 31 (2): 213-231.

B. T. Asheim, A. Isaksen, "Location, Agglomeration and Innovation: Towards Regional Innovation Systems in Norway?", *Europe Planning Studies*, 1997, 5 (3): 299-330.

B. T. Asheim, P. Cooke, "Local Learning and Interactive Innovation Networks in a Global Economy", *Making Connections: Technological Learning and Regional Economic Change*, 1999: 145-178.

Changhyun Park, Heesang Lee, "Value Co-Creation Processes-Early Stages of Value Chains Involving High-Tech Business Markets: Samsung-Qualcomm Semiconductor Foundry Businesses", *Journal of Business-to-Business Marketing*, 2015 (3): 223-227.

Christa Liedtke, Carolin Baedeker, Marco Hasselkub, Holger Rohn, Viktor Grinewitschus, "User-integrated innovation in Sustainable LivingLabs: An Experimental Infrastructure for Researching and Developing Sustainable Product Service Systems", *Journal of Cleaner Production*, 2015 (97): 106-116.

C. A. K. Lovell, S. S. Schmidt, *The Measurement of Productive Efficiency: Techniques and Application*, Oxford University Press, New York, 1993: 237-255.

C. Cornwell, P. Schmidt, R. C. Sickes, "Production Frontiers with Cross-sectional and Time-series Variation in Efficiency Levels", *Journal of Econometrics*, 1990, 46 (1-2): 185-200.

C. Fernandez, G. Koop, M. Steel, "A Bayesian Analysis of Multiple-output Production Frontier", *Journal of Econometrics*, 2000, 98 (1): 47-79.

C. H. Wang, R. Gopal, S. Zionts, "Use of Data Envelopment Analysis in Assessing Information Technology Impact on Firm Performance", *Annals of Operations Research*, 1997, 73 (10): 1991-213.

C. Kao, "A Linear Formulation of the Two-level DEA Model", *Omega*, 2008, 36 (6): 958-962.

C. Lawson, E. Lorenz, "Collective Learning, Tacit Knowledge and Regional Innovative Capacity", *Regional Study*, 1999, 33 (4): 305-317.

C. Ritter, L. Simar, "Pitfall of Normal-Gamma Stochastic Frontier Models", *Journal of Productivity Analysis*, 1997, 82 (5): 167-182.

Daniel Mansfield, "Standards Support Emerging Technologies to Accelerate Technological Innovation", *China Standardization*, 2014 (4): 50-53.

D. B. Audretsch, M. P. Feldman, "R&D Spillovers and the Geography of Innovation and Production", *American Economic Review*, 1996, 86 (3): 630-640.

D. Mayes, C. Harris. M. Lansbury, *Inefficiency in Industry*, Hemel Hampstead: Harvester Wheatsheaf, 2004: 50-52.

Fare R., Grosskopf S., Lovell C. A. K, "Productivity Change in Swedish Pharmacies 1980-1989: A Nonparametric Malmquist Approach", *Journal of Productivity Analysis*, 1992 (3): 85-101.

Freeman C., *The Economics of Industrial Innovation*, MIT Press, 2001.

参考文献

Frell M. J, "The Measurement of Productive Efficiency", *Journal of the Royal Statistical Society*, 1957 (3): 253-290.

Guan, Chen, "Modeling Macro R&D Production Frontier Performance: An Application to Chinese Province-level R&D", *Scientometrics*, 2010, 82 (1): 165-173.

G. Becker, K. Murphy, "The Deviation of Labor, Coordination Costs, and Knowledge", *Quarterly Journal of Economics*, 1992 (4): 1137-1160.

G. R. Jahanshahloo, M. oleimani-damaneh, A. Mostafaee, "A Simplified Version of the DEA Cost Efficiency Model", *European Journal of Operational Research*, 2008, 184 (2): 814-815.

G. E. Battese, T. J. Coelli, "Frontier Production Functions, Technical Efficiency and Panel Data: With Application of Paddy Farmers in India", *Journal of Productivity Analysis*, 1992, 3 (1-2): 153-169.

G. E. Battese, T. J. Coelli, "Prediction of Firmed-level Technical Efficiencies with a Generalized Frontier Production Function and Panel Data", *Journal of Econometrics*, 1988, 38 (3): 387-399.

Henry W. Chesbrough, "The Era of Open Innovation", *MIT Sloan Management Review*, 2003, 44 (3): 34-41.

H. F. Lewis, T. R. Sexton, "Network DEA: Efficiency Analysis of Organizations with Complex Internal Structure", *Computers & Operations Research*, 2004, 31 (9): 1365-1410.

H. Wiig, M. Wood, "What Comprises a Regional Innovation System?", *An Empirical Study*, 1999.

I. Herrero, "Different Approaches to Efficiency: An Application to the Spanish Trawl Fleet Operating in Moroccan Waters", *European Journal of Op-*

erational Research, 2005, 167 (1): 257-271.

Jaffe A. B, "The U. S. Patent System in Transition: Policy Innovation and the Innovation Process", *Research Policy*, 2000, 29 (45): 351-557.

J. P. Florens, L. Smiar, "Parametric Approximation of Nonparametric Frontier", *Journal of Econometrics*, 2005, 124 (1): 91-116.

K. J. Arrow, "The Economic Implications of Learning by Doing", *Review of Economic Studies*, 1962, 29 (3): 155-173.

K. Iwai, "A Contribution to the Evolutionary Theory of Innovation, Imitationand Growth", *Journal of Economic Behavior & Organization*, 2000, 43 (2): 167-198.

K. Pavitt, P. Patel, "Corporate Technology Strategies and National Systems of Innovation", *STI Review*, 1995: 78-91.

Lozano S, Gutierrez E. Moreno P, "Network DEA Approach to Airports Performance Assessment Considering Undesirable Outputs", *Applied Mathmatical Modeling*, 2013 (37): 1665-1676.

L. Anselin, A. Varga, Z. J. Acs, "Local Geographic Spillovers between University Research and High technology Innovation", *Journal of Urban Economic*, 1997, 42 (3): 422-448.

Mansfield, "The Allocation, Characteristics, and Outcome of the Firm's Research and Development Portfolio: A Case Study", *The Journey of Business*, 2010, 39 (4): 131-142.

Mueser, "Identifying Technical Innovations", *IEEE Transaction on Engineering Management*, 2015 (32): 158-176.

M. A. Diez, M. S. Esteban, "The Evaluation of Regional Innovation and Cluster Policies: Looking for New Approaches", *Conference paper on De-*

centralization and Evaluation, 2000: 1032-1038.

M. E. Porter, *Clusters and the New Economics of Competition*, Harvard University Press, 1998: 18-62.

M. E. Porter, "Clusters and the New Economics of Competition", *Harvard Business Review*, 1998, 76 (6): 77-90.

M. Fritsch, A. Stephan, "The Distribution and Heterogeneity of Technical Efficiency within Industries—An Empirical Assessment and Faculty of Economics and Business Administration", Discussion Papers of DIW Berlin, 2004, No. 453.

M. Fritsch, J. Mallok, "Machinery and Productivity—A Comparison of East and West German Manufacturing Plants", *Technological Change and Regional Development in Europe*, 2004, 12 (3): 61-73.

M. Fritsch, "Interregional Differences in R&D Activities—An Empirical Investigation", *European Planning Studies*, 2002, 8 (4): 409-427.

M. Fritsch, "Measuring the Quality of Regional Innovation Systems—A Knowledge Production Function Approach", *International Regional Science Review*, 2002, 25 (1): 86-101.

M. J. Enright, "Regional Clusters: What We Know and What We Should Know", *Innovation Clusters and Interregional Competition*, 2003 (3): 99-129.

M. M. Pitt, L. F. Lee, "Measurement and Sources of Technical Inefficiency in the Indonesian Weaving Industry", *Journal of Development Economics*, 1981, 9 (1): 43-64.

M. P. Feldman, *The Geography of Innovation*, Boston: Kluwer Academic Publishers, 1998: 113-151.

M. R. Alirezaee, M. Afsharian, "A Complete Ranking of DMU Using Restrictions in DEA models", *Applied Mathematics and Computation*, 2007, 189 (2): 1550-1559.

Panagiotis Aacotadis, James H Love, "The Innovation Value Chain in New Technology-based Firms: Evidence from the U. K", *Journal of Product Innovation Management*, 2012, 29 (5): 839-860.

Peter Ferdin and Drucker, "Entrepreneurship in Business Enterprise, *Journal of Business Policy*, 2009, 3 (12): 479-519.

P. Almeida, B. Kogut, "The Exploration of Technological Diversity and the Geographic Localization of Innovation", *Small Business Economics*, 1997, 9 (1): 21-31.

P. Cooke, M. G. Uranga, G. Etxebarria, "Regional Systems of Innovation: an Evolutionary Perspective", *Environment and Planning*, 1998, 30: 1563-1584.

P. M. Romer, "Increasing Returns and Long-run Growth", *Journal of Political Economy*, 1986, 94 (5): 1002-1037.

P. N. Cooke, H. J. Braczyk. H. J, M. Heidenreich, *Regional Innovation Systems: The Role of Governance in the Globalized World*, London: UCL Press, 1996: 23-86.

P. Schmidt, R. C. Sickes, "Production Frontiers and Panel Data", *Journal of Business and Economic Statistics*, 1984, 2 (4): 367-374.

R. Fare, S. Grosskopf, M. Norris, Z. Zhang, "Productivity Growth, Technical Progress, and Efficiency Change in Industrialized Countries", *American Economic Review*, 1994, 84 (1): 66-83.

R. Baptista, G. M. P. Swann, "A Comparison of Clustering Dynamics in the

US and UK Computer Industries", *Journal of Evolutionary Economics*, 1999, 9 (3): 373-399.

R. E. Caves, D. R. Barton, *Efficiency in US Manufacturing Industries*, Cambridge: MIT Press, 1990: 47-49.

R. E. Stevenson, "Likelihood Functions for Generalized Stochastic Frontier Estimation", *Journal of Econometrics*, 1980, 13 (1): 57-66.

R. Fare, S. Grosskopf, "Network DEA", *Social-Economic Planning Sciences*, 2000, 34 (1): 35-49.

R. Moreno, R. Paci, S. Usai, "Geographical and Sectoral Clusters of Innovation in Europe", *Annals of Regional Science*, 2005, 39 (4): 715-739.

Samuel Forsman, Niclas Bjorngrim, Anders Bystedt, Lars Laitila, Peter Bomark, Micael Ohman, "Need for Innovation in Supplying Engineer-to-order Joinery Products for Construction: A Case Study in Sweden", *Construction Innovation: Information, Process, Management*, 2012 (5): 124-132.

Sexton T. R., Lewis H. F., "Two-Stage DEA: An Application to Major League Baseball", *Journal of Productivity Analysis*, 2003 (19): 227-249.

Steven Roper, Spyros Arvanitis, "From Knowledge to Added Value: A Comparative, Panel-data Analysis of the Innovation Value Chain in Swiss Manufacturing Firms", *Research Policy*, 2012 (41): 1093-1106.

S. C. Kumbhakar, "Production Frontiers, Panel Data and Time-Varying Technical Inefficiency", *Journal of Econometrics*, 1990, 46 (1-2): 201-211.

Tun-Chih Kou, Bruce C. Y. Lee, "The Influence of Supply Chain Architecture on New Product Launch and Performance in the High-tech Industry", *Journal of Business & Industrial Marketing*, 2015 (3): 305-311.

T. J. Coelli., "Estimators and Hypothesis Tests for Stochastic Frontier Function: A Monte Carlo Analysis", *Journal of Productivity Analysis*, 1995, 6 (3): 247-268.

T. R. Sexton, H. F. Lewis, "Two-stage DEA: An Application to Major League Baseball", *Journal of Productivity Analysis*, 2003, 19 (2-3): 227-249.

T. Sueyoshi, "Stochastic Frontier Production Analysis: Measuring Performance of Public Telecommunication in 24 OECD Countries", *European Journal of Operational Research*, 1997, 74 (3): 466-478.

W. B. Arthur, "Competing Technologies, Increasing Returns, and Lock-in by Historical Events", *Economic Journal*, 1989, 99 (3): 116-131.

W. H. Greene, "A Gamma-distributed Stochastic Frontier Model", *Journal of Econometrics*, 1990, 46 (1-2): 141-164.

Xiaohui Liu, Trevor Buck, "Innovation Performance and Channels for International Technology Spillovers: Evidence from Chinese High-Techindustrises", Reseach Policy, 2007 (36): 355-366.

Yanying Chen, Yijun Yuan, "The Innovation Strategy of Firms: Empirical Evidence from the Chinese High-tech Industry", *Journal of Technology Management in China*, 2007 (2): 22-29.

YU M. M., "Assessment of Airport Performance Using the SBM-NDEA Model", *Omega*, 2010 (36): 440-452.

Y. Chen, J. Zhu, "Measuring Information Technology's Indirect Impact on

Firm Performance", *Information Technology and Management*, 2004, 5 (1-2): 9-12.

Y. Chen, L. Liang, F. Yang, J. Zhu., "Evaluation of Information Technology Investment: A Data Envelopment Analysis Approach", *Computers & Operations Research*, 2006, 33 (5): 1368-1379.

Z. J. Acs, D. B. Audretsch, M. P. Feldman, "The Real Effects of Academic Research", *American Economic Review*, 1982, (1): 363-367.